BIBLIOTHÈQUE GÉNÉRALE
DES SCIENCES SOCIALES

Travailleurs et Marchands

dans

l'Ancienne France

PAR

HENRI HAUSER

Correspondant de l'Institut
Professeur à la Sorbonne.

LIBRAIRIE FÉLIX ALCAN.

TRAVAILLEURS ET MARCHANDS

DANS

L'ANCIENNE FRANCE

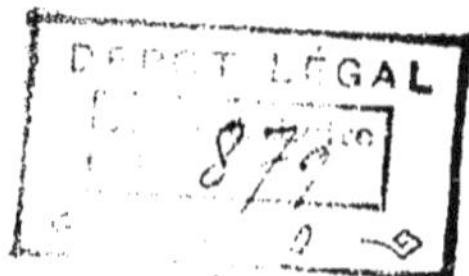

TRAVAILLEURS ET MARCHANDS

DANS

L'ANCIENNE FRANCE

PAR

Henri HAUSER

CORRESPONDANT DE L'INSTITUT
PROFESSEUR A LA SORBONNE
ET AU CONSERVATOIRE NATIONAL DES ARTS ET MÉTIERS

PARIS

LIBRAIRIE FÉLIX ALCAN

108, BOULEVARD SAINT-GERMAIN, 108

1920

AVANT-PROPOS

Les six études ici réunies ont paru, à des dates diverses, dans différents périodiques *(Revue d'économie politique,* 1905 ; *Revue du Mois,* 1906 ; *Bulletin des travaux historiques et scientifiques,* 1906 ; *Académie des sciences morales et politiques,* 1914 ; *Revue d'histoire moderne et contemporaine,* 1907-1908 ; *Athéna,* 1912).* Quelques-unes sont déjà anciennes. Nous avons cru devoir les reproduire telles quelles, sans autres modifications que de rares corrections de pure forme.

Si nous donnons ces détails, c'est pour que le lecteur ne s'étonne de l'une ni de l'autre de ces deux choses : En premier lieu, ces études ne sont pas, comme on dit, « au courant »; elles marquent des étapes dans le travail de recherche et d'interprétation des faits ; elles ne tiennent pas compte de tout ce qui s'est publié depuis leur première apparition. D'autre part, comme elles ont paru dans des recueils distincts, et qui se plaçaient à des points de vue très différents, il advient que certaines d'entre elles se répètent. Nous sentons bien que cela ne va pas sans présenter de sérieux inconvénients.

Il ne nous a pas semblé que ces inconvénients fussent assez graves pour nous faire renoncer à l'idée de grouper ces morceaux en un volume. Ils obéissent, malgré leur variété, à une inspiration commune. En les écrivant, nous avons voulu atteindre des faits. Peu nous importait que ces faits se montrassent ou non d'accord avec des théories. Comment les hommes ont vécu, comment ils se sont nourris, logés, vêtus, comment ils ont organisé entre eux l'échange des produits et l'échange des services, voilà les réalités que nous désirions saisir. Ces études présentent les résultats de quelques tentatives faites pour investir ces réalités. Nous savons que ces réalités sont très complexes, et qu'on ne saurait les pénétrer d'un coup, ni par une seule voie. C'est de plusieurs côtés à la fois qu'il convient de les aborder.

Quelque intérêt que l'on puisse trouver aux données positives que contiennent ces études, on voudra bien les considérer surtout comme des essais de méthode. Il nous paraîtrait un peu vain d'exposer, dogmatiquement, la méthodologie de l'histoire économique. Nous avons toujours pensé que la meilleure manière de faire comprendre une méthode, c'est de l'appliquer. On se convaincra d'ailleurs très vite que cette méthode n'a rien de très particulier : elle est, tout simplement, la méthode historique. Les faits économiques ne diffèrent que par leur contenu des autres faits de l'histoire. Ils ont, comme tous les autres faits, ce double caractère d'être passés et de nous être accessibles seulement à travers des documents. La critique de ces documents obéit donc aux mêmes règles que la critique des documents de l'histoire politique, ou religieuse, ou littéraire.

Au vrai, ces expressions courantes d'histoire économique, politique, etc., sont quelque peu brutales. Il serait plus exact de parler des *aspects* économiques, religieux, etc., de l'histoire. Une telle façon de s'exprimer aurait l'avantage de rappeler toujours au chercheur que la réalité sociale est une, et que les diverses parties de ces réalités agissent et réagissent en tout temps les unes sur les autres. Les faits économiques ne forment pas une série isolée ; ils n'ont pas pour causes que des antécédents d'ordre économique ; ils n'engendrent pas que des effets économiques. C'est par un effort d'abstraction et d'analyse — effort nécessaire, mais arbitraire et quelque peu décevant — que nous les séparons de la masse des autres faits. Il ne faut jamais laisser échapper l'occasion de montrer les liens qui les rattachent à d'autres séries de faits. A cet égard, il n'est peut-être pas mauvais que l'histoire économique soit faite, de temps en temps, par des historiens qui ne soient pas exclusivement des spécialistes de ce genre d'histoire, qui aient des curiosités multiples. On trouvera, croyons-nous, dans les pages qui suivent, la trace de quelques-unes de ces curiosités.

Parmi ces études, il en est deux qui dépassent un peu le cadre indiqué par le titre. L'une d'elles tente de dire sur quelle base géographique doivent s'édifier les constructions de l'histoire économique ; ce n'est plus seulement avec des parties voisines de la science historique, c'est avec une autre science qu'elle établit le contact. L'autre est bien consacrée à des « marchands », les marchands d'argent. Seulement elle excède les limites de notre pays, parce que, dès l'aube des temps modernes, la circulation de l'argent est un phénomène largement international.

Quelques lecteurs, insuffisamment avertis, seront peut-être frappés de tout ce qu'il y a de moderne dans cet exposé de faits et d'institutions remontant à un passé parfois assez lointain. Qu'ils veuillent bien ne voir dans ces ressemblances ni une intention ni un artifice. Elles sont dans l'exposé parce qu'elles sont dans la réalité. Plus on avance dans l'étude de l'histoire économique, plus on s'aperçoit qu'il y a très peu de nouveau sous le soleil. Mais si presque rien n'est absolument nouveau, tout est différent. Des problèmes, analogues en apparence, se posent, suivant les époques, de façon tout à fait dissemblable, et c'est pourquoi les solutions acceptées dans un cas ne valent pas nécessairement pour un autre. En matière économique plus encore peut-être qu'en toute autre, celui-là ne sera jamais historien qui n'a pas fortement médité ces paroles de Fustel de Coulanges :

« En parcourant les siècles..., nous aurons à montrer ce qu'il y a entre eux, à la fois, de continu et de divers : de continu, parce que les institutions durent malgré qu'on en ait; de divers, parce que chaque événement nouveau qui se produit dans l'ordre matériel ou moral les modifie profondément. »

C'est à la lumière de cette pensée que ces pages furent écrites. Si le lecteur veut bien leur réserver un favorable accueil, nous aurons à nous demander si d'autres pages du même ordre, éparses elles aussi, ne valent pas d'être recueillies à leur tour, et de la même manière.

TRAVAILLEURS ET MARCHANDS

DANS L'ANCIENNE FRANCE

I

L'HISTOIRE ÉCONOMIQUE DE L'ANCIENNE FRANCE [1]

Il serait à la fois inutile et prématuré de donner au début de ces études une définition de l'histoire économique. Nous entendrons sous ce terme, au moins par provision, l'histoire des faits relatifs à la vie matérielle des hommes en société. Comment ils vivent, de quoi ils se nourrissent, comment ils se couvrent, comment ils s'abritent contre le soleil ou la froidure, comment ils se procurent les subsistances et les objets nécessaires à leur conservation et à leur reproduction, à leur besoin de bien-être ; comment ils modifient à leur usage les matériaux que leur fournit la nature ; comment ils organisent entre eux le travail et les échanges ; comment ils transportent leurs denrées, leurs produits, leurs personnes : tels sont quelques-uns des domaines variés de l'histoire économique.

(1) Ces études sont la reproduction de quatre leçons faites à l'École des Hautes-Études sociales en novembre-décembre 1904.

Elle étudie des faits. Par là elle se distingue de l'histoire des doctrines économiques telle que celle-ci est enseignée dans la plupart de nos Facultés de droit ; ou du moins elle la dépasse. Si intéressant qu'il soit d'étudier les diverses et successives manières dont les hommes ont envisagé subjectivement les problèmes sociaux, une besogne nous semble plus urgente : c'est « l'étude historique et critique des faits sociaux (1) ».

Une semblable étude peut même paraître plus utile que celle de l'économie politique proprement dite. Depuis cent cinquante ans environ qu'il y a des économistes qui construisent des théories, on est bien près d'avoir tout dit sur la loi de l'offre et de la demande, sur la rente, sur la terre, sur le revenu du capital, sur le bénéfice de l'entrepreneur. Il semble que l'intérêt de ces problèmes soit aujourd'hui sur le point d'être épuisé. Mais comment, dans la réalité, les hommes se sont conformés aux théorèmes d'Adam Smith ou de Ricardo, comment ils se sont parfois révoltés contre ces formules, c'est ce qu'il nous paraît bon de rechercher. L'observation des faits contemporains nous apprend chaque jour davantage à nous défier de quelques-unes de ces formules et nous approchons sans doute du moment où quelque hardi philosophe écrira un traité *De la contingence des lois économiques*. Nous lui aurons préparé d'avance des matériaux en instituant l'étude critique des faits sociaux du passé.

Nous voudrions examiner quelques-uns des résul-

(1) C'est le titre même de la section créée, sous la direction de M. Vidal de la Blache, à l'École des Hautes-Études sociales (étude historique, géographique et critique des faits sociaux).

tats obtenus, quelques-unes des questions posées par l'histoire économique de l'ancienne France. Par ancienne France, nous entendrons, au sens large, la France depuis le début du moyen âge jusqu'à la Révolution. Mais le plus souvent, je demanderai à mes lecteurs la permission d'appuyer surtout sur ce qui est proprement *l'ancien régime*, la période comprise entre le milieu du quinzième et la fin du dix-huitième siècle.

Nous diviserons cette étude en quatre parties. Dans les deux premières, nous ferons, pour ainsi dire, la bibliographie historique de notre sujet. Nous passerons en revue les principaux travaux qui ont été consacrés à l'édification de l'histoire économique. Une troisième leçon aura pour objet l'examen des résultats obtenus par cette laborieuse enquête. Dans une quatrième et dernière, nous étudierons d'une part les *problèmes* qui se posent actuellement devant l'historien-économiste, d'autre part les *sources* au moyen desquelles il pourra essayer de résoudre quelques-uns de ces problèmes.

I.—Histoire de l'histoire économique avant 1848.

Je voudrais donc retracer tout d'abord l'évolution des études relatives aux faits économiques de l'ancienne France, faire en raccourci « l'histoire de l'histoire économique ».

Cette précaution peut sembler superflue, ou du moins l'on peut croire que, pour faire cette étude rétrospective, il n'est pas nécessaire de remonter bien haut dans le passé.

C'est, en effet, une idée fort répandue que l'histoire économique est chose toute nouvelle. Lorsque se produisit en Allemagne la lutte, qui dure encore, entre les survivants de la glorieuse école de Léopold Ranke et les partisans de Karl Lamprecht, les adversaires s'accablèrent réciproquement d'épithètes dignes des héros d'Homère ou des érudits du seizième siècle, mais ils furent d'accord pour donner à l'interprétation économique de l'histoire le nom de *neue Richtung*, « orientation nouvelle ». En France également, l'histoire économique est considérée comme une quasi-nouveauté.

Cela s'explique par ce fait, noté par M. Seignobos dans sa *Méthode historique appliquée aux sciences sociales* (1) (p. 173) : « Ce n'est pas avant la seconde moitié du dix-neuvième siècle qu'il s'est formé un groupe de spécialistes de l'histoire économique. » Tandis qu'avant 1850 il y avait déjà ¡en France, des historiens qui, de propos délibéré, s'enfermaient dans l'histoire des littératures, des religions, des arts, de la diplomatie, de la guerre, etc., il n'y en eut pas — on peut dire avant la première édition de l'*Histoire des classes ouvrières* de M. Levasseur, c'est-à-dire avant 1859 — pour s'adonner résolument et exclusivement à la recherche des faits économiques.

Mais, de ce qu'il n'y eut point, au sens propre et plein du mot, d'historiens-économistes avant 1859, s'ensuit-il que nous puissions, sans ingratitude, négliger tout le travail antérieur ? Nous sommes, de notre temps, un peu dupes des étiquettes savantes. C'est là une forme particulière du pédantisme de

(1) Paris, F. Alcan, 1901.

notre époque. Avant de déguster le contenu du flacon, nous tenons à lire écrit sur la panse : *Histoire économique.* Comme ce personnage de Daudet qui, avant de lire les vers du *Petit Chose*, lui demandait : « Monsieur, quel est votre *critérium ?* » nous voulons savoir ce que notre auteur pense de l'*économie-nature* et de l'*économie-argent*, s'il peut nous retracer le passage de l'économie fermée à l'économie domestique, de l'économie domestique à l'économie nationale, puis à l'économie mondiale. Gare à lui s'il n'a pas lu la dernière édition de Karl Bücher (1) ou s'il n'a pas pénétré le sens caché des formules büchériennes ! Nous lui donnerons toutes boules noires, et n'ouvrirons pas son livre.

Et si, pourtant, des historiens avaient fait de l'histoire économique sans le savoir, et sans le dire ! C'est précisément ce que les élèves de Ranke répondent, en Allemagne, à ceux de Lamprecht. Voyons si une réponse analogue n'est pas possible en ce qui concerne l'histoire de France.

§ 1

L'ancienne historiographie française s'attachait uniquement à raconter les guerres et les événements politiques. Toutes nos histoires antérieures à 1789, et même un certain nombre d'histoires publiées au dix-neuvième siècle, ne méritent que très imparfaitement le nom d' « histoires de France ». En réalité ce sont, cousues bout à bout, les biographies de nos rois. C'est seulement dans les travaux d'érudits obscurs, dans les histoires bénédictines, dans les

(1) *Die Entstehung der Volkswirtschaft,* 4ᵉ Aufl., Tübingen, 1904.

Mémoires de l'ancienne Académie des inscriptions que s'accumulaient quelques-uns des matériaux avec lesquels devait se bâtir un jour l'histoire économique. Mais « la grande histoire » passait dédaigneuse à côté de ces tas de pierres. Interrompre le récit des brillantes apertises pour noter le prix du blé, remplacer une harangue à la mode antique par l'histoire de la chandelle, du sucre ou du café, faire l'histoire des épices et des épiciers, fi donc ! Raconter la vie de maître Jourdain le drapier, de maître Josse l'orfèvre, et de maître Dimanche le tailleur, du compagnon bonnetier ou de l'apprenti maçon, des bourgeois et de la canaille, c'eût été ravaler l'histoire. A toutes ces « espèces », l'historien académique ne devait-il pas répondre comme fit Louis XII aux Génois repentants : « Bonnes gens, retournez à vos comptoirs et à vos aunes, et laissez-nous les lances et les épées ? » Je ne jurerais pas que cet état d'esprit ait, même aujourd'hui, complètement disparu.

Cependant, au dix-huitième siècle, deux hommes au moins s'étaient posé le problème qui nous occupe. Montesquieu n'admettait plus que l'histoire se déroulât comme une de ces tragédies de Racine qu'on pourrait jouer sans décors et sans costumes. Il écrit son *Esprit des lois* pour établir les conditions matérielles de la psychologie collective. Rudesse ou douceur du climat, richesse ou pauvreté du sol, vie nomade ou sédentaire deviennent avec lui des facteurs, on peut même dire les facteurs essentiels de l'histoire. Et, dans une partie de *l'Esprit des lois* qu'on ne lit plus guère, Montesquieu a fait davantage encore. Il a fait entrer dans la littérature historique l'œuvre des « feudistes » ; il a mis une question de propriété, l'organisation féodale, au premier rang des problèmes historiques (1).

Quant à l'*Essai sur les mœurs et l'esprit des nations*, Voltaire ne l'écrit-il pas précisément pour protester contre l'histoire-batailles et l'histoire-biographie des têtes couronnées ? A la fin de chaque grande période, il donne une esquisse des progrès de la civilisation. Il ne dédaigne pas de nous parler des conditions matérielles de l'existence et du développement des peuples. Pour lui, les Croisades ne sont pas seulement un fait religieux et politique, mais un fait commercial. Pour lui, les découvertes maritimes sont l'événement essentiel de la fin du quinzième et du début du seizième siècle, et pour la première fois un historien écrit sans rougir les mots de poivre et de cannelle. Que Voltaire, très insuffisamment documenté, n'ait abouti en ces matières qu'à des généralités vagues, cela n'est pas la question. Même dans le *Siècle de Louis XIV*, malgré son évident parti pris de faire graviter toute l'histoire du temps dans l'orbite du Roi-Soleil, malgré sa prétention de peindre avant tout « l'esprit des hommes dans le siècle le plus éclairé qui fut jamais », il insiste dès l'introduction sur les ports, les flottes, le luxe, les manufactures, le commerce. En fait, Voltaire est loin d'avoir tenu ses promesses. Tout ce qu'il y a d'économique dans le *Siècle* se réduit presque à un seul chapitre, le chapitre XIX, *Finances et règlements* ; il est visible que cela, quoi

(1) Je veux bien qu'une question de propriété soit une question juridique. Mais on m'accordera qu'ici le juridique a l'économique pour base.

qu'il en dise, le passionne beaucoup moins que les
intrigues des cours et le secret des cabinets. Mais
l'*Homme aux quarante écus* ne se croirait pas permis
de ne pas parler de l'exportation des blés. Il tient
à noter qu' « il n'en coûte guère plus aujourd'hui pour
être agréablement logé, qu'il n'en coûtait pour être
mal sous Louis XIV ». Il estime que, si l'histoire
n'a pas pour mission d'établir la théorie de l'impôt,
« l'histoire doit faire voir qu'il est impossible qu'une
ville soit florissante sans que les campagnes d'alen-
tour soient dans l'abondance ». Il signale les nouvelles plantations de vignes, « le commerce des co-
mestibles avec les colonies d'Amérique ». Il note
que, la paie du soldat étant restée la même depuis
le début du dix-septième siècle, le soldat, en raison
« du surhaussement des espèces et de la cherté des
denrées », reçoit en réalité « deux tiers moins que
les soldats de Henri IV ». Il sait aussi que le mouvement économique a eu pour résultat d'amener
« moins d'opulence qu'autrefois chez les grands, et
plus dans le moyen ordre, et cela même a mis moins
de distance entre les hommes ».

On ne peut donc dire que la préoccupation économique soit absente de l'œuvre historique de Voltaire. Mais Montesquieu et Voltaire sont, à cet
égard, un peu isolés dans leur siècle. L'encyclopé-
disme ne pouvait prendre à ce genre d'histoire qu'un
très médiocre intérêt. Pour lui, l'économie politique,
comme la politique même, est une science abstraite,
une sorte de mathématique sociale. C'est dans la
raison et non dans l'expérience qu'il faut en rechercher les lois. Les hommes étant partout les mêmes,
ayant les mêmes besoins et les mêmes droits, c'est

une curiosité un peu vaine que d'étudier les moyens imparfaits par lesquels ils ont, dans des temps barbares, pourvu à leurs besoins et défendu leurs droits.

C'est à peu près ce que Condorcet répond à Montesquieu (1).

§ 2

Il fallut la Révolution française et la révolution industrielle qui la suivit pour donner complètement aux historiens le sens des problèmes économiques. D'une part, le triomphe récent de la démocratie ou du moins de la bourgeoisie leur donnait le désir d'étudier les mouvements démocratiques du passé. Le peuple venait d'apparaître très évidemment, pendant la grande décade, comme le principal acteur de l'histoire. N'avait-il pas été aussi, d'aventure, l'auteur de l'histoire de l'ancienne France ? Derrière le pompeux décor de la cour et des batailles, les brillants oripeaux des rois et des ministres, ne fallait-il pas saisir le vrai drame, celui que jouent les multitudes anonymes ? C'est toute une foule jusqu'alors ignorée qui fit soudain irruption sur le théâtre historique : serfs et vilains, bourgeois en chaperon et « Jacques » en sabots, maîtres marchands et compagnons de métier.

L'histoire ne pouvait devenir démocratique sans devenir économique, car les classes qu'elle amenait sur le devant de la scène étaient des classes de travailleurs et de producteurs, des classes qui avaient lutté pour la conquête du pain. Or, ces classes prenaient dans l'industrie, à cette date, une importance

(1) L. CAHEN, *Condorcet et la Révolution française.* Paris, Alcan, 1904, p. 25.

toute nouvelle. Les questions qui les intéressent, questions de douanes, de législation rurale, de législation ouvrière apparaissaient comme les questions capitales de la politique et c'est autour du champ et de l'atelier que s'édifiaient les nouvelles théories sociales. Des systèmes comme ceux de Fourier ou de Saint-Simon ne pouvaient rester sans action sur les historiens, d'autant plus qu'ils impliquaient en eux-mêmes une conception de l'histoire de l'humanité (1). Au testament du dix-huitième siècle, l'*Essai sur les progrès de l'esprit humain*, ils substituaient une sorte d' « Essai sur les progrès de l'industrie ». Et si l'on voulait prétendre qu'il n'y a pas un lien de filiation entre le saint-simonisme et l'école historique romantique, si l'on disait que j'établis entre eux un rapprochement arbitraire, je rappellerais que Thierry se proclama lui-même le *fils adoptif* de Saint-Simon, et resta saint-simonien jusqu'en 1817.

Même l'illustre chef de l'école doctrinaire, Guizot, nous appartient à cet égard. Dès 1823, dans ses *Essais* (2), il fait cette profession de foi : « C'est par l'étude des institutions politiques que la plupart des écrivains, érudits, historiens ou publicistes ont cherché à connaître l'état de la société. Il eût été plus sage d'étudier d'abord la société elle-même pour connaître et comprendre ses institutions politiques. Avant de devenir cause, les institutions sont effet. La société les produit avant d'en être modifiée. »

Dans ces modifications de l'état social, ce qui

____

(1) Voir les travaux de MM. G. WEILL et CHARLÉTY.

(2) *Quatrième Essai : de l'état social des institutions politiques en France sous les Mérovingiens*.

intéresse Guizot, c'est l'évolution de ces classes moyennes dont l'orthodoxie doctrinaire veut faire le noyau solide de la société nouvelle. Raconter les vicissitudes de ces classes, montrer comment « l'état des personnes a été étroitement lié à celui des terres », tel est le plan de l'*Histoire de la civilisation en France*. Encore est-il bon de noter que le Guizot de 1828, l'historien de la *Civilisation*, est plutôt moins hardi que celui de 1823, l'auteur des *Essais*. Cependant ses leçons sur l'industrie dans la Gaule romaine, sur l'importance du sol à cette époque, les 7e et 8e leçons du tome III sur le village féodal sont déjà des modèles d'histoire économique.

Augustin Thierry, le saint-simonien émancipé, s'était lancé plus audacieusement dans cette voie. Ses premières « Lettres sur l'histoire de France », parues dans le *Courrier français* dès 1820, étaient une protestation contre cette histoire académique, où « la masse entière de la nation disparaît derrière les manteaux de cour ». Son *Histoire véritable de Jacques Bonhomme* (1) insiste sur la vie matérielle du paysan. Ses lettres sur la commune de Vézelay mettent en lumière l'enrichissement des habitants, les taxes gênantes pour l'industrie, le rôle des foires. Son *Histoire du Tiers-État*, parue sous une première forme dès 1846-1850, porte la trace de ces préoccupations. Et, dans le *Recueil de monuments* dont elle était d'abord la préface, une section sur quatre devait être réservée aux corps de métiers. En fait, les études et les documents publiés sur Amiens par Thierry, ou sous sa direction, font une place considérable à

____

(1) Réimpr. dans *Dix ans d'études historiques*, 2e partie, IX.

l'organisation industrielle, au commerce, à l'assistance.

Mais, pour remarquables qu'ils fussent, les efforts de Guizot et de Thierry n'aboutissaient pas complètement. L'histoire de Guizot est tout intellectualiste : l'Église, l'État, les doctrines philosophiques et religieuses, telles sont pour lui les forces essentielles qui mènent le drame. Il résume le développement du Tiers-État, sans mentionner l'accroissement de sa richesse parmi les causes de sa puissance nouvelle. Thierry, moins étroitement bourgeois, donne à la question du pain plus d'importance. Mais, chez Thierry lui-même, le point de vue économique passe bien après la conquête des « libertés publiques ». Il se contente, au sujet de l'œuvre économique de Louis XI, de généralités vagues. Lorsqu'il arrive aux États généraux du seizième siècle, son attention est tellement absorbée par les querelles religieuses qu'il aperçoit à peine l'importance économique de ces assemblées. Avant tout, pour nos doctrinaires, l'histoire de France était destinée à établir la légitimité de la *monarchie selon la charte*.

Mais l'école doctrinaire eut son enfant terrible. Avant de recevoir l'éducation du collège, Michelet avait reçu celle de l'atelier. Il avait, aimait-il à dire, composé des livres avant d'en écrire. La fibre démocratique était chez lui autrement vibrante que chez Thierry. Son merveilleux *don des larmes* lui permettait de ressusciter les morts, de faire revivre les foules anonymes dont le labeur obstiné a fait la France. Dès son *Précis* de 1837, et quoiqu'il fût tenu par la lettre des programmes officiels, obligé de raconter des faits politiques, il trouvait quelques formules étincelantes, par exemple cette explication fameuse de la puissance hollandaise : « D'abord ils vécurent malgré l'océan, ce fut le premier miracle ; puis ils salèrent le hareng et le fromage et transmuèrent ces tonnes infectes en tonnes d'or ; puis ils rendirent cet or fécond par la banque, leurs pièces d'or firent des petits. » Déjà aussi, il donnait du *Système* de Law une lumineuse explication. Qu'auraient pensé nos historiens, et le président Hénault et Anquetil, qu'aurait pensé Fénelon lui-même en voyant apparaître sur la scène ces nouveaux acteurs, le louis d'or et le billet de banque, le fromage et le hareng ? En vérité le cœur leur eût levé de dégoût. Michelet avait parfaitement conscience du ferment révolutionnaire qu'il introduisait ainsi dans l'histoire. Dans cet admirable livre du *Peuple*, qui est de 1846, il disait : « J'ai plusieurs fois, dans mes cours et mes livres (surtout au tome V de l'*Histoire de France*), esquissé l'histoire de l'industrie. » Et, posant un problème qui n'est pas encore résolu à l'heure actuelle, il ajoutait : « Pour la comprendre cependant, il faudrait remonter plus haut, ne pas l'envisager d'abord, comme on fait, dans ces grandes et puissantes corporations qui dominent la cité même. Il faudrait prendre le travailleur dans son humble origine, méprisé comme il fut à son principe... »

Dans ce même livre, toujours en 1846, il écrit ses pages célèbres sur les « servitudes du paysan ». Il y note, renversant certaines idoles de la tribu démocratique, que la petite propriété est antérieure à la Révolution ; il y résume l'histoire de la terre de Louis XII à Louis XIV. On connaît moins son cha-

pitre « servitudes de l'ouvrier », riche en vues péné-
.trantes sur l'ancienne hiérarchie industrielle, sur
la formation d'une oligarchie de métier, sur les conséquences de l'introduction du machinisme.

Lorsqu'après avoir écrit son *Histoire de la Révolution* Michelet revient à l'histoire de l'ancienne
France, il se rend encore mieux compte de l'importance des phénomènes économiques. Et, dans sa
préface de 1869, quelle est l'originalité qu'il se reconnaît à lui-même ? C'est d'avoir *matérialisé* l'histoire, où les doctrinaires ne voyaient qu'un conflit
d'idées. « Le peuple, dit-il, semblait marcher en
l'air comme dans les peintures chinoises où le sol
manque. » Il remit vraiment sous les pieds des hommes la terre nourricière, il fit courir dans leurs veines
le sang de la vie. « Moi, s'écrie-t-il avec un légitime
orgueil, moi je sondai les caves où fermenta la Flandre, ces masses de mystiques et vaillants ouvriers. »
Il n'eut pas peur d'y respirer un air humide et em-
pesté, il y prêta l'oreille aux chants de nourrice que
le malheureux tisserand répétait en poussant sa
navette sur le métier.

Pour marquer la différence entre l'histoire de
Barante, qui suit Froissart, et la sienne, faite d'après
les pièces d'archives : «... La chronique méconnaît,
ignore les grands aspects du temps. C'est un siècle
déjà financier et légiste sous forme féodale. L'avènement de l'or, du juif, le tissage des Flandres, le
dominant commerce des laines en Angleterre... »,
tels sont les faits essentiels du quatorzième siècle ;
et encore : « La révolution *économique* rendit seule
possible la révolution *militaire*... »

Il revient encore, plus loin, sur ce volume : « Il

est, ce volume, neuf et fort, en tirant l'histoire surtout de *la Révolution économique*, de l'avènement de
l'or, du juif et de Satan (roi des trésors cachés). Il
donne très fortement le caractère très mercantile
du temps. Comment l'Angleterre et la Flandre furent mariées par la laine et le drap... C'est le grand
fait .»

On me dira que ces phrases sont de 1869. Je veux
bien que la netteté de certaines formules doive quelque chose au temps, à tout le progrès accompli dans les
idées depuis les années critiques 1848-1850. L'expression de « révolution économique », en particulier,
porte sa date. Mais, en leur fond, ces phrases ne
font que résumer une œuvre historique commencée
dès 1833, dont le *Précis* de 1837, le *Peuple* de 1846
avaient recueilli déjà l'essence. Et derrière Michelet,
je rappelle qu'il y avait le Thierry de 1820 et même
le Guizot de 1823 et de 1828.

On comprendra maintenant que le grand historien allemand du marxisme, Franz Mehring (1), ait
fait figurer, parmi les inspirations d'où sortit le
Manifeste communiste de 1847, non pas seulement
Fourier et Saint-Simon, mais « les historiens de la
Révolution française et du Tiers-État, comme Michelet et Augustin Thierry ». A quoi l'un des nôtres
a cru répondre d'une manière topique en notant
que l'*Essai* de Thierry est de 1853 (plus exactement
de 1850), et que la *Révolution* (2) de Michelet commença de paraître la même année que le *Manifeste*.
Mauvaise réponse, car l'*Essai* et la *Révolution*

____

(1) Voyez *Mouvement socialiste*, 1902, I, p. 251.
(2) Ch. ANDLER, *ibid.*

n'étaient que le point d'aboutissement d'un long travail antérieur (1).

En 1847, l'école romantique française avait déjà établi l'ébauche de l'histoire économique de l'ancienne France. L'un de ses membres aboutissait même à des formules voisines de la conception matérialiste de l'histoire.

Et cependant, que faisaient les économistes ? Ils continuaient à mépriser l'histoire. Ni la chaire d'économie politique du Collège de France, ni la chaire d'économie industrielle du Conservatoire des Arts et Métiers ne faisaient une place aux formes économiques du passé, si ce n'est pour les condamner. N'étaient-elles pas contraires à l'orthodoxie, à l'évangile selon saint Adam Smith ? A quoi bon s'embarrasser de parchemins et de grimoires, puisque le laissez-faire, laissez-passer devait seul assurer le bonheur du monde ?

C'est uniquement dans la chaire de législation industrielle du Conservatoire que nous voyons se développer ces études (2). Wolowski, nommé professeur dès 1839, consacra son cours de 1841 à l'organisation industrielle de la France avant Colbert. Il donna de ce vaste sujet une brillante esquisse, que l'on put considérer longtemps comme le travail capital sur la matière. Ce n'était d'ailleurs, même de sa part, qu'une excursion dans le domaine de l'histoire. Après 1848, Wolowswki n'eut plus d'autre préoccupation que de défendre, dit un de ses suc-

---

(1) *Réponse de Mehring*, p. 638.
(2) Voyez E. LEVASSEUR, L'enseignement de l'économie politique au Conservatoire, *Revue intern. de l'enseign. sup.*, 1901, I, 211.

cesseurs, « les vérités économiques contre les débordements de l'utopie ».

La conjonction de l'économie politique et de l'histoire, tel est le fait qui donnera son caractère à la période 1850-1900. Pour fécondes que fussent les recherches de Thierry et de Michelet, elles avaient été faites au hasard, sans fil directeur. Ils avaient étudié au passage les faits économiques, ils n'avaient pas cherché, par une analyse systématique, à isoler ces faits de la masse des faits historiques. Nous verrons comment on essaya d'opérer cette analyse.

II. — De 1848 à 1900.

La longue période que nous abordons maintenant est trop riche d'idées et d'œuvres pour que nous ayons l'espoir d'en faire l'étude détaillée. Il nous suffira de marquer sur cette route quelques étapes, de signaler quelques influences.

§ 1

La Révolution de février n'eut pas, sur le développement de l'histoire économique, l'influence que l'on pourrait croire. Toutes les questions d'organisation du travail et de la propriété sont alors agitées, l'association est remise en honneur, mais ce n'est pas dans l'histoire qu'on va chercher des arguments en faveur des thèses rivales. Louis Blanc ne fait pas appel à l'histoire ; et l'on n'en trouve guère plus de traces dans les petits traités édités par l'Académie des sciences morales, et qui devaient convertir les insurgés de juin à l'orthodoxie économique.

Cette académie, en dehors des recherches qu'elle avait suscitées sur l'agriculture, avait cependant, en 1847, mis au concours, pour 1849, un sujet qui se rapportait de très près à l'histoire économique, l'administration de Colbert. Faute de résultats, le concours fut prorogé à 1852, puis le sujet remis au concours pour 1857. Un long rapport de Wolowski fut consacré aux deux mémoires couronnés de MM. Joubleau et Cotelle. La même année, Wolowski lut un autre mémoire, sorte de programme d'études, *Sur l'application de la méthode historique à l'étude de l'économie politique.* Mais ce mémoire est loin de tenir les promesses de son titre : quoique l'auteur y proteste contre le dédain d'Adam Smith pour l'histoire, il ne s'intéresse guère qu'à l'histoire des doctrines ; il juge les formes économiques du passé dans leurs rapports avec la vraie doctrine, il considère avant tout l'histoire économique comme un « puissant antidote contre les *romans sociaux* et les *fantaisies idéales* (1) ».

C'est dans cet esprit que l'Académie avait mis au concours, pour 1858, la question suivante : « Rechercher quelle a été la condition des classes ouvrières en France depuis le douzième siècle jusqu'à la Révolution. » Il s'agissait de composer un hymne à la gloire de la liberté du travail et de la liberté des échanges. Il n'importe : ce titre invitait les concurrents à se tenir enfin sur le terrain solide des faits. Pour se documenter, ils n'avaient guère devant eux qu'un très petit nombre d'ouvrages postérieurs à

______

(1) Voy., aux dates citées, *Compte rendu Acad. scienc. mor. et pol.*

1848 : les deux travaux de Pierre Clément sur Jacques Cœur et sur Colbert, le très bon livre de Ouin-Lacroix sur les corporations de Rouen et la très médiocre compilation de Bouillet sur celles d'Auvergne, enfin un recueil inachevé de P. Lacroix, *le Livre d'or des métiers*. Tout, on peut le dire, était à faire.

L'un des candidats, connu déjà par des *Recherches historiques sur le système de Law*, eut le courage de dépouiller tous les vieux traités sur les finances, tous les dictionnaires du commerce, tous les recueils d'ordonnances. Initié au travail historique, il ouvrit les manuscrits de la collection de la Mare, les mémoires des intendants, les ordonnances conservées alors à la Bibliothèque du Louvre. Aux Archives nationales, il lut la collection Rondonneau et le fonds F 12 ; à la Préfecture de police, la collection Lamoignon, les *Bannières* du Châtelet et les *Livres de couleur*. Étant données les conditions de travail de l'époque, ce labeur était colossal et ne pouvait guère être complété alors par des recherches dans les Archives départementales et communales, encore peu accessibles. De ces documents sortit, en février 1859, le premier livre qui mérite vraiment le titre d'*Histoire des classes ouvrières en France de Jules César à la Révolution*. Aujourd'hui l'on peut reprocher à cet essai sa documentation trop exclusivement parisienne, on peut l'accuser d'avoir méconnu l'importance du travail non juré. Mais que l'on songe à la date à laquelle il parut, et il n'y aura place que pour l'admiration.

Nous tous qui avons sucé la moelle de ces deux volumes, nous sommes disposés à croire que l'apparition du livre de M. Levasseur dut révolutionner l'histoire économique. Il n'en est rien. L'Académie des sciences morales ne parut pas s'apercevoir de ce qu'il y avait de profondément nouveau dans cette prétention de l'auteur : fonder l'histoire économique sur des pièces d'archives, la soumettre, en un mot, aux règles générales de la méthode historique. Hippolyte Passy (1), comparant au mémoire de M. Levasseur celui d'un concurrent aujourd'hui obscur (2), reprochait bien à ce dernier d'avoir « omis d'indiquer par des annotations les sources où il avait puisé ses informations », mais il ajoutait que c'étaient là des « imperfections assez faciles à corriger ». Et c'est seulement au tableau dressé par Levasseur de la France industrielle sous Louis XIV qu'il accordait cet éloge, mérité en réalité par le livre entier : « Jusqu'ici rien d'aussi complet n'a été publié. »

Les historiens eux-mêmes n'apprécièrent pas comme il eût fallu cette œuvre d'un confrère. Les sociologues n'y prenaient pas garde non plus. Si Le Play préconise le retour à la coutume, il déduit la *Réforme sociale en France*, d'après le titre de 1864, « de l'observation comparée des peuples européens » plutôt que de l'étude de notre passé. S'il regrette l'ancienne organisation de la propriété, il est trop peu partisan de toute association autre que la famille pour s'intéresser aux anciennes communautés de métier.

Malgré tout, les idées faisaient leur chemin. En 1868, Duruy institua au Collège de France un cours

(1) Discours du 7 août 1858, *Compte rendu Acad.*
(2) CHACHOIN.

complémentaire d'*Histoire des faits et doctrines économiques* et le confia hardiment à l'auteur de l'*Histoire des classes ouvrières* (1) ; il projetait de faire enseigner l'histoire économique dans la cinquième section, encore aujourd'hui irréalisée, de l'École pratique des hautes études (2). Mais que de difficultés il rencontrait sur sa route ! Le ministre ayant prononcé à l'Association philotechnique un discours, approuvé par l'Empereur, sur l'histoire du travail, s'entendait dire que « l'on ne pouvait publier ce discours au *Moniteur*, parce qu'il était contraire à la politique du gouvernement ». C'est seulement en 1871 que le cours de M. Levasseur fut transformé en chaire, d'abord sous le titre significatif d'*Histoire des doctrines économiques*, puis sous celui de *Géographie et histoire économiques*.

M. Levasseur eut des élèves. Inconsciemment, des gens qui n'avaient jamais lu son œuvre subirent son influence. De même, des gens qui n'avaient jamais lu Karl Marx étaient atteints, à leur insu, par certaines formules du matérialisme historique. C'est ainsi que chez le Michelet de 1869, nous avons trouvé telle phrase qu'il n'aurait certainement pas écrite, sous une forme aussi nette, vingt années auparavant. Les œuvres ne s'engendrent pas seulement par voie de filiation directe ; elles créent autour d'elles une ambiance, une atmosphère que chacun respire.

C'est ainsi que près de l'école de Le Play se déve-

(1) E. LEVASSEUR, *Trente-deux ans d'enseignement au Collège de France*. (*Rev. intern. de l'Enseign.*, 1900, II, p. 4).

(2) H. HAUSER, *Enseignement des sciences sociales*. Paris, Chevalier-Marescq, 1903, p. 130.

loppait celle des chrétiens-sociaux qui voyaient dans le retour à la corporation et à la confrérie le remède à tous les maux. Ils se représentaient les temps où florissaient ces institutions comme des époques bénies de confiance et d'amour. Mais il leur fallait, pour asseoir leur thèse, publier des statuts de confréries et de compagnonnages ; oubliant qu'entre le texte et la réalité il est plus de distance que de la coupe aux lèvres, ils versaient sur les parchemins jaunis de brûlantes larmes de joie, en songeant aux bons patrons, aux bons ouvriers du bon vieux temps. A leur façon, ils servaient l'histoire. Et les économistes attaqués dans leurs positions étaient obligés de faire de l'histoire pour résister à leurs contradicteurs. Les socialistes eux-mêmes, quoique leurs regards fussent plutôt tournés vers l'avenir que vers le passé, ne devaient pas toujours résister au désir d'aller voir dans les documents si l'âge des corporations avait bien été, comme le prétendait l'école féodale, un âge d'or.

Pour mesurer l'importance du progrès que fait alors dans les idées le concept même de l'histoire économique, il suffit d'étudier ce qu'on peut appeler les variations de Fustel de Coulanges (1). Le grand historien avait débuté, en 1864, par un admirable petit livre où l'histoire de l'antiquité se résumait dans l'histoire d'une croyance. Cette histoire se présente chez lui avec la belle simplicité d'une trilogie. La croyance « s'établit : la société humaine se constitue. Elle se modifie : la société traverse une série de révolutions. Elle disparaît : la société change de face (2) ».

(1) V. le livre de M. Paul Guiraud sur *Fustel de Coulanges*.
(2) *Cité antique* (éd. de 1888), p. 464.

Et les autres causes — formation d'une classe de riches marchands dans l'Athènes de Solon, de financiers dans la Rome de Cicéron — n'apparaissent que comme des causes secondes, conséquences de la dissociation des groupes religieux primitifs.

Lorsque Fustel, entre 1872 (1) et 1875 (2), voulut s'attaquer à l'histoire de l'ancienne France, allait-il la concevoir aussi comme l'histoire d'une idée ? Non, il admet implicitement que l'évolution du monde antique telle qu'il l'a conçue, ce déroulement de l'histoire autour d'une croyance, a été un phénomène unique. Tout autre est la loi des peuples modernes. Les institutions lui apparaissent désormais comme dérivant en grande partie des intérêts matériels. Assurément il n'abandonne jamais, dans sa description de l'évolution juridique, les droits de l'idée ; mais, à mesure qu'il avance dans son œuvre, les questions économiques prennent chez lui une place plus grande.

L'esprit vigoureux, étroit et lourd de Taine devait appuyer plus fortement encore sur ce trait. On peut faire à son *Ancien Régime* (3), au point de vue purement historique, tous les reproches que l'on voudra, et notamment celui d'avoir accepté des documents de toutes mains, sans les critiquer, sans les classer, sans chercher à les constituer en séries à peu près complètes. Mais ce qu'on ne lui reprochera pas, c'est d'avoir négligé, parmi les causes de la Révolution, les causes économiques. A sa fameuse analyse de l'esprit révolutionnaire, il a joint un cha-

(1) Articles dans la *Revue des Deux Mondes.*
(2) T. I des *Institutions politiques de l'ancienne France.*
(3) Paru en 1875.

pitre sur la misère. État de l'agriculture, salaires et
charges du paysan, « incidences » de l'impôt, fa-
mines et épidémies, et l'histoire du sel, et l'histoire
du vin, et celle des farines sont pour lui des éléments
essentiels. Déjà, dans son cerveau apeuré, se dresse,
comme une troupe de fantômes engendrés par la
fièvre, la sinistre armée de la faim, braconniers,
contrebandiers et faux-sauniers, bandits, mendiants
et vagabonds, ceux qui, au premier volume de la
Révolution, feront « l'anarchie spontanée ». Où Michelet était arrivé par l'amour, par la sympathie pour
les classes souffrantes, Taine y arrive par la peur.

§ 2

Depuis 1875, date du premier volume de Taine
comme du premier volume de Fustel, que d'influences s'entrecroisent pour orienter de plus en
plus l'historiographie française dans le sens économique ! C'est d'abord la sociologie qui se constitue
comme science. Elle exige que l'histoire lui apporte
des matériaux pour édifier ses lois générales ; or
une partie considérable de ces lois a pour objet les
rapports économiques des hommes entre eux. Tant
que la sociologie subit fortement l'influence du matérialisme marxiste (et elle la subit encore), c'est
surtout de ce côté que se manifestent ses exigences
vis-à-vis de l'histoire. Et les historiens, à leur tour,
subissent si docilement cette impulsion que l'un
d'eux, étudiant l'application de la méthode historique aux sciences sociales, en arrive à considérer
comme adéquatement synonymes *sciences sociales*
et *sciences économiques*, *histoire sociale* et *histoire*

économique (1). Restriction abusive à mon avis, mais combien instructive pour l'histoire des idées !

A cette influence de la sociologie s'ajoute celle de la politique, dont l'évolution actuelle, si trouble qu'elle soit à la surface, semble bien obéir en son fond à une loi interne qui la fera passer du gouvernement des hommes à l'administration des choses. A cette politique nouvelle il faut constituer une légitimité. De même que les monarchies aristocratiques et militaires chargeaient leurs historiographes de retracer les exploits des aïeux, de même que les historiens de 1830 recherchaient les lettres de noblesse de la classe moyenne, de même la *social-démocratie* demande aux historiens d'aujourd'hui de lui exposer les formes anciennes d'organisation du travail, les anciens conflits du capital et de la main-d'œuvre, les anciennes conditions de la production ou de l'échange.

En dehors de ces influences d'ordre intérieur agissaient des influences étrangères. En Allemagne, dans les Facultés de philosophie comme dans celles de jurisprudence, comme dans les Facultés spéciales de sciences politiques, l'enseignement de l'économie nationale s'appuyait de plus en plus sur l'histoire. Les travaux de Wagner, de Schmoller, de Lujo Brentano sont directement des travaux d'histoire économique. Or, plusieurs de nos jeunes historiens français ont traversé les séminaires de ces maîtres, ou celui de von Inama-Sternegg à Vienne. Ils n'ont pu échapper non plus à l'action grandissante de Karl Lamprecht.

(1) SEIGNOBOS, *Méthode hist. appl. aux sc. soc., passim.* (F. Alcan).

Le fondateur de la nouvelle école s'était même essayé, en dehors de ses travaux sur l'Allemagne, à des *Études sur l'état économique de la France pendant la première partie du moyen âge*, qui furent traduites en français dès 1889 (1). De même, M. Rudolf Eberstadt ne s'est pas contenté, dans *Magisterium und Fraternitas* (2), de donner une théorie générale, applicable à la France comme à l'Allemagne, de l'origine domaniale des communautés de métier (1897)), il a encore étudié spécialement *le Droit industriel français du treizième siècle à 1581* (3), et l'on peut dire que son esquisse est une des plus pénétrantes qu'on ait écrites sur ce sujet.

En Angleterre, les questions posées par le développement du trade-unionisme donnaient naissance à toute une littérature, dont le livre des Webb est le morceau le plus important, le plus connu en France. Les travaux de Thorold Rogers, son *Histoire du travail et des salaires* et son *Interprétation économique de l'histoire*, passèrent également le détroit, et devaient même susciter chez nous des imitations parfois malheureuses. Enfin les livres de haute vulgarisation de Cunningham, dont le cadre dépasse généralement l'Angleterre, popularisaient les concepts de l'histoire économique.

Plus loin de nous, en Russie, sous l'influence de causes qui tiennent au développement même de ce pays, on se prenait d'une sorte de passion pour l'histoire de la terre et des paysans de France avant et pendant la Révolution. Bien plus profondément que

(1) Par A. Marignan.
(2) Leipzig, 1897.
(3) *Das französische Gewerberecht*, Leipzig, 1899.

ne l'avaient fait chez nous Dareste de la Chavanne
et M. Doniol, dès 1873 M. Karéiev étudiait, en russe,
*les Paysans et la question paysanne en France dans
le dernier quart du dix-huitième sciècle*. La traduc-
tion de cet ouvrage ne devait paraître que vingt-
six ans plus tard (1). Mais un article d'Alfred Maury
le fit connaître au public français dès 1880 et sa
documentation, sortie presque entièrement de la
Bibliothèque nationale et des Archives nationales,
frappa par sa nouveauté. Si le livre de M. Karéiev,
traduit sans modifications sur le texte primitif, nous
paraît aujourd'hui vieilli, il était neuf en son temps.
A sa documentation trop parisienne, il fallait ajouter
des recherches dans toutes nos Archives locales. Ce
labeur énorme parut d'abord effrayer les Français.
Il fut entrepris, il est encore poursuivi par un autre
Russe, M. Ivan Loutchizki.

Toutes ces influences convergeaient pour amener
chez nous la création d'un groupe de spécialistes.
En ce qui concerne en particulier l'histoire industrielle, les érudits provinciaux se mirent à l'œuvre
et publièrent des statuts d'arts et métiers. Ces publi-
cations, qui se comptent aujourd'hui par centaines,
sont loin d'avoir toujours été faites avec le soin et
la critique désirables : quelques-unes, comme *les
Métiers de Blois* (2), d'Alfred Bourgeois, sont tout
à fait sérieuses. A l'aide de ces textes et d'autres
sources, quelques savants ont essayé de retracer
l'histoire du travail dans une province ; le modèle
de ces études a été donné par M. Boissonnade, dans

(1) Paris, 1899.
(2) Blois, 1892-97, 2 vol.

son *Essai sur l'organisation du travail en Poitou* (1).
L'histoire de l'agriculture a fait de nouveaux progrès et celle des classes rurales a été, pour le moyen
âge, magistralement éclaircie par M. Henri Sée (2).
Chacun de nous a profité des travaux de M. Bloch
sur les subsistances (3).

L'histoire du commerce a fait, dans l'ensemble,
moins de progrès. L'esquisse de Pigeonneau (4),
écrite presque uniquement d'après les textes imprimés, n'est qu'un résumé commode et qui s'arrête
au début du dix-septième siècle. Mais pour les parties spéciales de l'histoire, du commerce, que de travaux de valeur à signaler ! ceux de M. Masson, sur
Marseille, le Levant, les États barbaresques (5) ;
ceux de M. Huvelin sur le Droit commercial (6) ;
ceux de MM. Sayous (7), Bonzon (8), Vigne sur les
banques (9).

Déjà même des savants ont pu tenter de faire,
pour une période restreinte, une étude synthétique

(1) Paris, 1899-1900, 2 vol.

(2) *Les Classes rurales en France et le régime domanial.* Paris,
1901.

(3) *Études sur l'hist. écon. de la France au dix-huitième siècle.*
Paris, 1900.

(4) 2 vol. in-8°. Paris, 1885-87.

(5) *Hist. du commerce français dans le Levant au dix-septième siècle.*
Paris, 1896. — *Hist. des établissements et du commerce franç. dans
l'Afrique barbaresque, 1560-1793.* Paris, 1903. — *Ports francs d'autrefois et d'aujourd'hui.* Paris, 1904.

(6) Se reporter à Huvelin, *Histoire du droit commercial* (extr. de
la *Revue de synthèse historique*, 1904).

(7) Dans *Nouv. revue hist. de droit*, 1901.

(8) *La Banque à Lyon aux dix-septième et dix-huitième siècles*
(*Rev. d'hist. de Lyon*, 1912 et 1903).

(9) *La Banque à Lyon du quinzième au dix-huitième siècle.*

des divers phénomènes économiques. C'est ainsi que M. Fagniez, si bien préparé à cette tâche par ses travaux sur l'industrie au moyen âge, a essayé de retracer toute l'économie sociale de la France sous le règne de Henri IV : agriculture, industrie, commerce intérieur et extérieur, vie journalière (1).

Si ces synthèses partielles, pour quelques périodes particulièrement bien connues, sont aujourd'hui possibles, je n'en dirai pas autant de ces vastes synthèses générales qui prétendent retracer l'évolution entière de l'histoire économique de la France du treizième siècle au dix-neuvième siècle (2). Non seulement l'état actuel de nos connaissances ne permet pas d'établir encore sur des assises solides un aussi ambitieux édifice, mais la conception même sur laquelle repose cette histoire de tous les prix et de tous les salaires est essentiellement ruineuse. Comparer entre elles des périodes inégalement connues, opposer les unes aux autres des moyennes qui n'ont pas de commune mesure, transporter dans le passé des méthodes statistiques dont l'usage, en ce qui concerne le temps présent, est déjà singulièrement délicat et passablement illusoire, c'est se préparer à soi-même les pires déceptions. En songeant au labeur immense dépensé presque en pure perte par M. d'Avenel, on se prend à penser que les moindres travaux de détail auraient fait bien mieux notre affaire.

On trouvera sur tous ces travaux tous les renseignements désirables dans les études bibliographi-

(1) Paris, 1897.
(2) D'Avenel, *Hist. économique de la propriété... et de tous les prix*, 4 vol., 1897-98 ; *Paysans et ouvriers depuis sept cents ans*, 1899.

ques de MM. Milhaud (1) et Boissonnade dans la *Revue de synthèse historique* (2), Sagnac dans la *Revue d'histoire moderne* (3). Je ne veux pas en énumérer à nouveau les titres. J'ai simplement voulu donner une idée de l'extraordinaire activité avec laquelle, depuis un quart de siècle, les travailleurs français, universitaires ou non universitaires, économistes ou historiens, se sont tournés vers ces études. Activité quelque peu désordonnée, inorganisée, mais tout de même féconde.

C'est le spectacle de cette activité qui donna au doyen de l'histoire économique, M. Émile Levasseur, l'idée d'entreprendre, à plus de quarante ans de distance, une seconde édition de sa grande œuvre. Par une chance peut-être unique dans les annales de la science, l'initiateur de ces études pouvait reprendre son œuvre en profitant de tous les travaux que sa juvénile audace avait jadis suscités. « Les matériaux de cette histoire, écrit-il dans sa nouvelle préface, sont beaucoup plus abondants aujourd'hui qu'ils n'étaient au milieu du siècle. » Ils ne sont pas seulement plus abondants, ils ont changé de nature par l'ouverture des archives départementales et communales. Ce qui n'a pas moins changé, c'est certains points de vue. L'histoire de la technique, par exemple, est devenue partie intégrante de l'histoire de l'organisation du travail, et c'est pourquoi les deux petits in-8º de l'*Histoire des classes ouvrières* de

(1) Année 1902.

(2) Année 1902, les *Études relatives à l'histoire économique de la France au moyen âge.*

(3) 1902, pp. 5 et 39, *Histoire économique de la France de 1643 à 1714.*

1859 sont devenus les deux énormes in-quartos de l'*Histoire des classes ouvrières et de l'industrie* de 1900 (1).

Tout n'est pas parfait, assurément, dans cette nouvelle édition, et elle ne fera pas oublier complètement l'essai de 1859. Un critique pénétrant (2), mais peut-être un peu trop sévère, a reproché à M. Levasseur sa bibliographie insuffisante, les lacunes, le défaut de méthode, les inégalités et les erreurs de sa documentation provinciale, la rapidité avec laquelle a été mené son travail de recherches, l'abus de certaines généralisations, la faiblesse de la technologie. Il a montré que, si la synthèse provisoire de 1859 avait été utile, la synthèse de 1900 était prématurée : « car la quantité des textes publiés, à côté de celle qui reste à éditer, est sans doute infime... Quant aux études sur les documents, le nombre des travaux de valeur est excessivement rare... Depuis l'apparition de la première édition... l'histoire économique et celle des villes... n'ont accompli que des progrès des plus restreints : l'on peut même ajouter que l'une et l'autre appartiennent aux parties de l'histoire de France les plus mal connues ».

Tout cela est vrai. Mais ce qui ne l'est pas moins, c'est que l'œuvre monumentale de M. Levasseur est un instrument de travail indispensable. Il n'est pas un historien-économiste qui, avant d'étudier une question quelconque, n'ait intérêt à feuilleter « son gros Levasseur », et, sans aliéner vis-à-vis de l'auteur la moindre parcelle de notre liberté de jugement, il n'est pas un de nous qui ne doive

(1) Paris, 1900-1901.
(2) *Viertelj. f. social u. Wirtschaftsgesch.*, I, p. 146.

lui dire, comme Dante à Virgile, comme Augustin Thierry à Châteaubriand :

Tu duca, tu signore e tu maestro.

Il nous reste à voir quels ont été les principaux résultats obtenus par ce labeur demi-séculaire, dont nous avons essayé de résumer l'évolution.

III. — De quelques résultats.

C'est surtout dans ce chapitre que nous ne pouvons avoir la prétention d'être complet. Pour énumérer les principaux résultats obtenus depuis 1850, il faudrait faire en raccourci toute l'histoire économique de l'ancienne France. Tout ce que nous voudrions tenter, c'est de mettre en lumière quelques points sur lesquels on est arrivé à des solutions neuves, et parfois inattendues.

§ 1.

Dans le domaine de l'histoire agricole, nous ne trouvons trace nulle part d'un bouleversement total des idées autrefois admises. Tout au plus peut-on dire que l'histoire de notre sol commence à être mieux connue. Et chaque jour l'on s'aperçoit davantage que c'est une très ancienne histoire. En dépit de la fertilité naturelle du sol, de la douceur du climat, la terre de France nous apparaît de moins en moins comme un don gratuit de la nature, de plus en plus comme une œuvre d'art, à laquelle ont collaboré les générations. On faisait, hier encore, remonter à Henri IV l'arrivée des ingénieurs flamands et hollandais, le desséchement des marais d'Aunis et de Saintonge. On sait aujourd'hui que Henri IV ne faisait que reprendre en sous-œuvre un travail commencé dès le dixième siècle, et déjà tout près d'être achevé au treizième, puis partiellement anéanti par les guerres anglaises et par les guerres religieuses. Il n'est pas, pour ainsi dire, une motte de notre sol cultural qui n'ait été déplacée et modifiée, parfois à plusieurs reprises, par le travail humain. Il n'est pas un de nos rivages, pas un pli de nos collines, pas une de nos plaines qui ait actuellement l'aspect qu'elle avait à l'aube de l'histoire et qui ne doive quelque chose à l'homme.

C'est l'homme qui a forcé la vigne à escalader les pierrailles des côtes bourguignonnes. C'est lui qui a retenu les terres qui dévalaient sur les pentes sèches de la Provence, qui les a fixées en terrasses, pour y faire fleurir les jasmins et les roses, pour y planter les oliviers. C'est lui qui a distribué les eaux en rigoles sur les versants des pâtures alpestres. C'est lui qui a défriché les verdoyantes forêts de l'ancienne Gaule et semé de forêts les espaces désolés des Landes. Le travail qui, sous nos yeux, transforme des régions comme la Sologne, la Dombes ou la Crau, ce travail nous permet de nous faire une idée de celui auquel on s'est livré autrefois pour donner, par exemple, à la Limagne d'Auvergne ou aux bas pays de Saône leur physionomie actuelle.

L'histoire du paysan s'éclaire comme l'histoire de la terre. Le système féodal ne nous apparaît plus comme une pure théorie juridique, comme une sim-

---

(1) Voir sur ces idées VIDAL DE LA BLACHE, *Tableau géogr. de la France* (t. I de l'*Hist. de France* de Lavisse).

ple confusion de l'idée de propriété avec l'idée de souveraineté. Nous y voyons le fruit d'une nécessité économique : c'est le besoin de défense et de protection qui dresse sur le piton rocheux, sur la butte ou sur la motte, d'abord la palissade, ensuite la muraille, derrière laquelle viendront, aux jours de panique, s'entasser les charrettes de fourrage ou de grain et s'abriter les troupeaux.

Nous connaissons mieux, aussi, les causes de la lente dissolution du régime féodal. Il nous est donné de noter, parfois décade par décade, le lent enrichissement des classes rurales. Malgré les guerres et les pillages, malgré la rigueur des droits féodaux, le serf peu à peu économise ; il est bientôt assez riche pour payer sa liberté, c'est-à-dire pour échanger la règle arbitraire du servage contre un contrat en bonne et due forme ; il paie une fois pour toutes, afin d'acquérir la certitude qu'il n'aura plus, dans l'avenir, que telle somme à débourser chaque année, que tant de jours de corvée à fournir. Cette opération de l'affranchissement des serfs revêt parfois dans les textes l'apparence d'une mesure philanthropique et philosophique, et le préambule de telle ordonnance de Louis le Hutin annonce déjà celui de la Déclaration des droits de l'Homme. Mais nous savons que ces formules pompeuses cachent une opération fiscale, momentanément avantageuse pour le roi ou les seigneurs.

L'enrichissement paysan ne s'arrête pas. Le défrichement réclame des bras à l'heure même où les épidémies et les guerres en réduisent le nombre. La hausse des salaires ruraux permet au vilain de réaliser son rêve : arrondir sa terre. La charge que ses aïeux ont consentie pour prix de leur liberté devient chaque jour plus légère, car elle est le plus souvent exprimée en livres, sols et deniers. Or cette monnaie de compte représente une fraction sans cesse décroissante d'un poids fixe d'argent fin ; à mesure que baisse la valeur intrinsèque de la livre, le vilain verse au seigneur moins d'argent fin. En outre, surtout à partir du milieu du seizième siècle, le pouvoir de l'argent baisse, c'est-à-dire que le blé, le vin, les légumes, les fruits, le lait et le beurre produits par le vilain se vendent plus cher au marché du village. Il paie moins, il gagne plus.

Ses économies, le vilain les place en champs et en prés. Depuis Tocqueville, nous sommes fixés sur ce grand fait, le morcellement de la propriété dès avant 1789. Mais certains disciples du maître, moins désireux de servir la science que leurs préjugés politiques, se sont peut-être hâtés de triompher. Si Tocqueville a démontré le nombre élevé des parcelles, il n'a pas établi le nombre des propriétaires. Il n'a pas touché non plus à une autre question, celle des *classes* qui avaient accès à la propriété. Question terriblement compliquée. Car pas plus dans le village d'autrefois que dans celui d'aujourd'hui les classes n'étaient nettement séparées entre elles. Les rôles des vingtièmes nous révèlent l'existence du maréchal-ferrant vigneron, du cordier laboureur, du tisserand qui est cabaretier, et, par surcroît, « propriétaire d'un demi-journal de terre qu'il cultive ». Ces délicates analyses, commencées par M. Loutchisky (1), pourront modifier gravement les idées

(1) *La Petite Propriété en France avant la Révolution et la vente des biens nationaux.* Paris, 1897.

actuellement courantes sur le partage des biens nationaux.

Sur la question des subsistances, la politique de
l'ancien régime apparaît hésitante et incohérente à
l'excès. Elle passe de la réglementation à la liberté
du commerce des grains pour retourner à la réglementation, sans jamais se tenir à un système défini,
sans pousser jusqu'au bout aucune expérience. Elle
crée la famine en voulant en empêcher le retour.
Des travaux actuellement en préparation confir-
meront cette impression (1).

§ 2.

Mais c'est surtout le terrain industriel que nous
allons trouver déblayé de quelques erreurs courantes.

L'une des institutions les plus originales de l'ancienne France est assurément la communauté jurée de
métier, ce que le langage courant appelle, d'un terme
assez peu exact, la corporation. Elle nous est connue,
dans son organisation intérieure, par ses statuts et
ses règlements. Les statuts publiés formeraient à
eux seuls toute une bibliothèque. C'est ainsi que les
statuts des communautés parisiennes, conservés aux
Archives nationales et à la Préfecture de police,
remplissent quatre gros volumes in-4º de la collection de l'*Histoire de Paris*. Mais les statuts publiés
sont peu de chose à côté de ceux qui dorment encore
dans les archives.

La corporation nous apparaît dans sa vie écono-

____

(1) G. LETACONNOUX, *les Subsistances et le commerce des grains en
Bretagne au dix-huitième siècle*. Rennes, 1905.

mique, grâce aux nombreux et interminables procès qu'elle débat avec les corporations rivales, avec ses propres membres, avec ses transfuges. Elle nous apparaît dans sa vie politique, car elle joue souvent son rôle dans le gouvernement municipal, elle a toujours sa place dans les fêtes publiques, entrées de rois ou de princes, processions, solennités funèbres. Elle a vécu aussi longtemps que l'ancien régime ; tuée un instant par Turgot, elle ne tarde pas à ressusciter, pour ne mourir définitivement qu'en 1791.

Cette vitalité, la simplicité et la puissance de cet organisme, et aussi la facilité qui nous est offerte de nous renseigner sur son fonctionnement ont engendré une illusion : à savoir que la communauté de métier aurait été, des premiers temps du Moyen Age à la Révolution, le régime normal, le régime quasi-universel du travail. En fait, dans la première édition de Levasseur, l'histoire du travail est surtout l'histoire des communautés jurées. Et les successeurs de M. Levasseur n'étaient guère, depuis 1859, sortis de ce cadre.

Mais voici qu'en 1899 l'auteur d'un petit livre (1) sur l'organisation du travail aux quinzième et au seizième siècles, écrit tranquillement cette phrase révolutionnaire : « On ne s'écarterait pas autant qu'on pourrait le croire de la vérité en disant : dans la France du seizième siècle, c'est le travail libre qui est la règle ; le travail organisé en jurandes n'est que l'exception. » Presque à la même date, un érudit qui s'occupait non de la France entière pendant une période limitée, mais d'une seule province

____

(1) *Ouvriers du temps passé.* Paris, F. Alcan.

pendant toute la durée de notre ancienne histoire (1),
arrivait aux mêmes conclusions : rare à Poitiers et
dans les principales villes du Poitou, quasi-inconnue
dans les petites villes, les bourgades et les campagnes, la communauté est un régime d'exception, un
régime de faveur, et qui apparaît tardivement.

Ce fut, dans l'Église corporative, comme si la
maîtresse colonne du temple s'était écroulée. Et il
y eut d'abord quelques beaux cris de colère contre
les malappris qui s'avisaient de détruire la simple
ordonnance de l'histoire économique. Mais depuis
quatre ans, tous les travaux de détail sont venus
donner raison à nos iconoclastes. Et ce n'est pas un
des moindres caractères de la nouvelle édition de
M. Levasseur que l'insistance avec laquelle il revient,
à plusieurs reprises, sur le nombre relativement peu
élevé des communautés jurées : il n'y en a peut-être
jamais eu 600 pour toute la France, et la grande majorité n'existait pas avant l'établissement du pouvoir monarchique au quinzième siècle. Le travail
libre resta maître de villes entières. Dans les villes
à jurandes subsistèrent des métiers libres. Hors des
métiers jurés, les travailleurs des faubourgs, les
chambrelans, qui travaillaient clandestinement à
domicile, maintenaient avec obstination la liberté
du travail.

La preuve en est que de nombreux édits, celui de
1581, celui de 1597, ceux de Colbert, ont pour objet
d'établir par la France entière le régime du travail
juré : c'est donc que ce régime était loin d'être uni-
versel. J'ai dit pour *objet* et non pour *effet ;* car la

(1) M. Boissonnade, *op. cit.*

multiplicité de ces édits nous est un sûr garant de leur peu d'efficacité.

Ce qui a pu favoriser la diffusion dans certains esprits de la théorie de la maîtrise universelle, c'est qu'on ne s'est peut-être pas suffisamment rendu compte de ce qu'il fallait entendre, sous l'ancien régime, par les mots de *travail libre*. Ces mots n'ont pas tout à fait alors le sens qu'ils prendront dans la bouche des constituants de 1791. Travail libre, sous l'ancien régime, ne s'oppose pas à travail réglementé, mais à travail en jurande. Nous rencontrons donc des corps de métier soumis, de la part de la municipalité, à une réglementation industrielle très stricte, à des visites, à une surveillance sévère, et qu'à ces traits on serait d'abord tenté de prendre pour des corporations. Il leur manque cependant les éléments essentiels de la jurande : à savoir le serment et le chef-d'œuvre imposé aux nouveaux maîtres, l'obligation absolue de l'apprentissage, la toute-puissance des jurés, enfin le monopole. C'est ainsi que les métiers lyonnais, réglementés par le consulat, sont pourtant, jusqu'au dix-huitième siècle, des métiers libres. Tous les métiers réglementés ne sont pas des métiers jurés.

Ce n'est pas seulement la théorie de l'universalité de la maîtrise qui a été mortellement atteinte. C'est aussi la théorie de la corporation « paradis des ouvriers ». Nous avons vu la « lutte de classe » apparaître dès le temps de saint Louis, et les coalitions patronales et ouvrières se constituer sous le nom de « monopoles ». On nous peignait des ouvriers heureux et dociles, attendant patiemment leur promotion à la maîtrise, des apprentis traités comme les enfants de la famille, des maîtres pleins de douceur et d'équité. La réalité nous a montré le plus souvent des maîtres groupés en une oligarchie fermée, qui devient de plus en plus étroite et qui tend à prendre la forme héréditaire ; des ouvriers auxquels tout avenir est généralement interdit, qui n'obtiennent les plus légitimes augmentations de salaires que par la révolte ; de malheureux enfants qui sont victimes · des rivalités entre le capital et la main-d'œuvre. Dans certaines industries, la lutte s'établit entre le petit patron qui travaille et l'entrepreneur, le gros marchand qui donne l'ouvrage. Les grèves sont fréquentes et violentes. Contre la confrérie officielle, de plus en plus dominée par les seuls maîtres, les ouvriers dressent des confréries antagonistes. Et celles-ci, forcées de vivre d'une vie clandestine, donnent naissance au compagnonnage. Celui-ci essaie de s'emparer du monopole du placement, de régler le taux des salaires. Son caractère mystique lui attire les haines du parti des dévots ; ses allures révolutionnaires lui valent les rigueurs de l'État. Il vit cependant, et son rôle n'a peut-être pas été aussi négligeable qu'on le dit dans l'explosion de 1789 (1).

Toutes ces études ont eu pour effet de rejeter assez loin dans le passé l'origine de phénomènes économiques et sociaux que l'on croyait tout modernes. Entre l'usine du dix-neuvième siècle et le petit atelier du treizième siècle, la distance paraît d'abord infinie. Mais c'est qu'on oublie l'existence des formes transitoires. La « manufacture » de Colbert est un

____

(1) V. Germain Martin, *Associations ouvrières au dix-huitième siècle*. Paris, 1900.

acheminement à l'usine (1), et elle a déjà des antécédents dans les fabriques du seizième siècle, dans
la draperie médiévale. Le machinisme lui-même n'est
pas absolument jeune : avant l'application de la va-
peur à l'industrie, la vieille France connaît déjà les
machines, et le machinisme engendre déjà les effets
qui lui sont propres. Comme on l'a très bien dit, la
découverte de Watt n'aurait exercé qu'une médiocre
influence si elle n'avait coïncidé avec une révolution
sociale qui exigeait un engin nouveau.

Nous apercevons mieux le rôle du pouvoir central
dans l'évolution industrielle. N'en déplaise aux économistes purs, cette action de l'État est réelle et
parfois efficace, en bien comme en mal. L'État intervient dans une pensée de fiscalité ; il intervient
pour défendre le consommateur contre le marchand,
le maître contre l'ouvrier ; il intervient pour uni-
formiser le régime du travail, et surtout pour appliquer au plus grand nombre de métiers dans le plus
grand nombre de villes possible les statuts des communautés parisiennes.

Mais l'État de l'ancien régime est l'État le moins
obéi qui fut jamais et, quoi qu'il en ait, la diversité
subsiste. D'ailleurs il détruit d'une main ce qu'il
édifie de l'autre. Pour satisfaire à des besoins ou à
des intérêts particuliers, il maintient des exceptions
et des privilèges. Par les brevets d'invention, par
les manufactures royales, il ouvre lui-même des brè-
ches dans le régime corporatif. Sa politique industrielle est faite d'incohérences.

(1) G. MARTIN, *la Grande Industrie sous Louis XIV*; ID., *la Grande
Industrie sous Louis XV*.

§ 3.

L'histoire commerciale reste plus obscure.

Cependant quelques points commencent à s'éclaircir. L'histoire des foires et, avec elle, l'histoire des routes commerciales sort de la nuit. Au douzième siècle, au quinzième siècle, c'est par la vallée du Rhône et par celles de la Seine, de l'Oise, de la Somme et du Rhin que passent les grands courants du trafic ; et les marchandises du Levant, apportées en Europe par les marins de Gênes, de Venise, de Pise, d'Amalfi, viennent s'échanger en Champagne contre celles de la France, de la Flandre, de l'Allemagne, de l'Italie. Un autre centre commercial se créait plus au Sud, plus près de la Méditerranée. Mais la décadence du Midi au quatorzième siècle, la chute de l'État bourguignon-flamand au quinzième siècle déplacent ces routes. C'est entre la France, la Suisse, l'Allemagne, l'Italie du Nord, c'est entre ces pays, l'Espagne et les rivages océaniques que s'établit le principal mouvement des échanges, et les foires de Provins et de Beaucaire sont remplacées par celles de Genève et de Lyon. A l'histoire des foires succède ensuite celle du roulage, si fertile en enseignements.

L'organisation du commerce extérieur, dans ses variations successives, reproduit une évolution analogue, depuis les caravanes flottantes de Jacques Cœur jusqu'aux grandes compagnies du dix-huitième siècle.

Mais c'est surtout l'histoire du droit commercial qui nous réserve de précieux enseignements, à condition qu'elle ne s'enferme point dans l'étude des textes de lois ou de coutumes, mais qu'elle recherche, dans les contrats et dans les procès, la réalité historique. Elle nous enseigne surtout deux choses : la première, c'est la très ancienne constitution du marché mondial. Cette constitution est lente et progressive ; elle est d'abord incomplète. Le marché international est d'abord un marché européen, un marché de l'Europe occidentale et centrale. Et encore les barrières douanières, les guerres, la politique, s'opposent-elles comme des cloisons étanches à l'endosmose économique. L'or et l'argent ne courent pas tout de suite, entre les nations, comme les liquides dans des vases communiquants, et il faut près de cinquante ans, au seizième siècle, pour que les ducats et doublons d'Espagne pénètrent pleinement dans la circulation française et pour que l'équilibre des prix s'établisse entre les deux pays (1).

Il s'établit cependant, surtout grâce à la place que prend le trafic international des valeurs mobilières. Les formes rudimentaires de la lettre de change se perfectionnent au seizième siècle pour acquérir toute leur souplesse au dix-huitième siècle. Les remises « de foire en foire », usitées dès les premiers temps du commerce méditerranéen d'après les croisades, aboutissent, dans les foires de Lyon, à l'organisation d'un véritable *clearing-house*.

Dès le temps de François Ier la « banque de Lyon » est un syndicat international de banquiers ; si les banques hollandaise et anglaise du dix-septième siècle ont un caractère plus étroitement national, elles

____

(1) Voy. P. HUVELIN, *l'Histoire du droit commercial*. Paris, 1904 (extr. de *Revue de Synthèse hist.*), où l'on trouvera une excellente bibliographie critique.

n'en agissent pas moins sur le commerce européen et sur celui des Indes. Au dix-huitième siècle, des incidents financiers comme le *South Sea bubble* à Londres, le *Système* à Paris dépassent tout à fait les limites d'une nationalité définie.

L'histoire du droit commercial se réunit ici à l'histoire du commerce même et à celle de l'industrie pour nous mettre sur la voie d'une seconde découverte : à savoir l'antiquité de la formation capitaliste. Pas plus dans notre histoire économique et sociale que dans notre histoire politique, la Révolution n'apparaît aujourd'hui comme un cataclysme inattendu, comme une coupure infranchissable entre deux parties de la vie de la France. La concentration actuelle des capitaux industriels, le rôle joué par le crédit, sont le terme d'une lente évolution dont les premiers linéaments se dessinent en France dès le douzième siècle, dont les traits essentiels s'accusent au seizième siècle (1).

Voilà, autant du moins qu'il m'est donné de les apercevoir dès à présent, quelques-uns des résultats atteints depuis cinquante ou soixante ans. Je me réserve de signaler quelques-unes des principales lacunes qu'il nous reste aujourd'hui à combler.

IV. — Problèmes. Sources.

L'histoire économique de l'ancienne France est, nous l'avons vu, à peine constituée. Il n'est donc pas étonnant qu'un très grand nombre de problèmes se

---

(1) Voy. *les Origines du capitalisme moderne en France* (*Rev. d'écon. pol.*, 1902).

posent à elle, qui ne sont pas encore résolus. Je voudrais vous en indiquer quelques-uns, que l'on me permettra de choisir surtout dans l'histoire de l'industrie.

§ 1.

Si nous remontions aux origines, nous rencontrerions tout d'abord celui-ci : quelle était l'organisation du travail dans la Gaule romaine ? Dans tous les livres qui traitent du sujet, on commence par faire une sorte d'étude théorique du *collegium* romain, et de cette théorie générale on déduit un fait particulier, à savoir l'existence des *collegia* dans les villes gauloises. Or, les inscriptions ne nous révèlent guère l'existence des *collegia* que dans les parties les plus romanisées du pays, la Narbonnaise et la vallée du Rhône. En l'absence d'études locales, nous ne pouvons rien affirmer pour l'ensemble de la Gaule.

Quel rapport y a-t-il entre ces *collegia*, là où ils existent, et les corporations médiévales ? Si elles n'en sortent pas, sortent-elles des *ghildes* marchandes ? M. Eberstadt leur assigne hardiment une autre origine, purement domaniale. Pour lui, la communauté est un fait social absolument analogue à la commune, dont elle est à peu près contemporaine. De même que les bourgeois cessent d'être individuellement vassaux du seigneur pour former une personne féodale collective, de même les serfs-ouvriers de l'atelier seigneurial se groupent par corps de métier et obtiennent du seigneur une réglementation collective du travail. L'histoire des nombreux corps de métier issus des abbayes confirme cette

vue ; le maintien de la juridiction de certains officiers de la couronne, grand chambrier, maréchal, etc.,
sur certains métiers parisiens semble lui donner une
valeur générale. Mais il est prématuré de dire qu'elle
peut expliquer tous les cas. M. Levasseur rejette
cette origine comme les autres, il se borne à dire
que la communauté de métier est « une institution
propre à la civilisation au milieu de laquelle elle
est née, et s'est développée » : explication, à vrai
dire, qui n'explique rien.

Une autre question aussi obscure, c'est celle de la
répartition géographique des anciennes industries.
On connaît bien la position des dix-sept villes drapières ;
on sait que le Languedoc produisait le pastel, que
des mines étaient exploitées dès le moyen âge sur le
pourtour du Massif central, que la soierie se locali-
sait au seizième siècle à Lyon, Tours, Avignon et
Nîmes. Mais on s'en tient à ces renseignements très
généraux.

On pourrait aller plus loin. Il serait aisé, tout
d'abord, de relever dans la littérature les mentions
relatives aux localités renommées pour tel ou tel
produit. Mais surtout il faudrait étudier de près nos
anciennes cartes. Particulièrement, lorsqu'au dix-
huitième siècle se multiplient les installations hy-
drauliques, il arrive souvent que ces cartes signalent
par des mentions ou des signes spéciaux la présence
de ces « artifices », moulins à papier ou martinets
de forge. En relevant toutes ces indications, en les
complétant au moyen des inventaires d'archives, on
pourrait, époque par époque, dresser des cartes industrielles de l'ancienne France.

La comparaison de ces cartes entre elles serait

singulièrement instructive. Elle nous révèlerait les changements que l'histoire, que les progrès de la civilisation font subir à la géographie des industries. M. Bulard, par exemple (1), a fait cette comparaison pour la métallurgie du fer dans la région bourguignonne-champenoise. Il établit très bien que, suivant les époques, *ce ne sont pas les mêmes couches géologiques* qui ont fourni aux forges leur aliment. L'imperfection des procédés d'extraction et de traitement du minerai force les forges des abbayes médiévales à se grouper sur les couches où le minerai, si pauvre qu'il soit, est facile à transformer. Avec le seizième siècle, on s'attaque à des minerais plus rebelles, mais plus productifs, et la considération dominante devient celle du combustible, de la forêt. Au dix-huitième siècle, les voies de communication deviennent déjà un facteur essentiel, et au dix-neuvième nous voyons des forges (celle de Châtillon-Sainte-Colombe par exemple) persister dans un pays dont elles n'emploient plus ni le minerai ni le combustible. Il faut, pour mener à bien ces études, un géographe doublé d'un historien.

Chemin faisant, à propos des communautés, j'ai insisté sur cette double proposition : que la France n'était pas Paris, et que la communauté jurée n'absorbait pas tout le travail industriel. Mais ces propositions auraient besoin d'une démonstration détaillée. « Paris, dit très bien M. G. Espinas, est une ville un peu exceptionnelle, et les conclusions que l'on tire de son étude ne devraient peut-être pas, en principe, être généralisées. » Paris est cependant une

____

(1) *Ann. de géogr.*, 1904.

ville dont l'organisation industrielle a influé, soit par voie d'imitation spontanée, soit par voie de contrainte légale, sur un grand nombre d'autres villes. Il serait essentiel de déterminer l'aire de cette influence, de voir cette aire s'élargir à mesure que s'assied le pouvoir absolu de la royauté. Il faudrait rechercher également si d'autres villes que Paris n'ont pas modelé à leur image les villes voisines et si, en matière de coutumes industrielles comme en matière de chartes de communes, il n'existe point des filiales.

Il faudrait encore dessiner l'aire réelle d'extension de la jurande, mesurer de combien cette aire s'est agrandie en fait du quinzième à la fin du seizième siècle, de combien après chacun des édits de 1581, 1597, 1673, noter les retours offensifs du travail libre, déterminer quelle était la situation réelle du travail à la veille de 1774, et voir si les mesures de Turgot ont bouleversé l'organisation du travail ou si elles n'ont pas simplement achevé une institution agonisante.

Nous ne savons rien ou presque rien sur l'organisation du travail libre. Nous connaissons, il est vrai, quelques grandes communautés à la fois libres et réglementées, comme la grande Fabrique lyonnaise. Mais qui nous dira la vie perpétuellement inquiète et errante du *chambrelan*, ce véritable contrebandier du travail, obligé de gagner son pain en cachette, sans cesse menacé des visites, des procès-verbaux, de la confiscation, du carcan et du pilori ? C'est à lui, comme au compagnon de métier, que songeait Camille Desmoulins, lorsqu'il écrivait, au lendemain de la nuit du 4 août : « C'est cette nuit qui a sup-

primé les maîtrises et les privilèges exclusifs... Aura
une boutique qui pourra. Le maître tailleur, le maître cordonnier, le maître perruquier pleureront ; mais
les garçons se réjouiront et il y aura illumination
dans les lucarnes (1). »

Nous ne savons non plus que peu de choses de la
vie que l'on menait dans de grandes industries qui,
par leur nature même, ont toujours échappé à l'organisation des corps de métier, jurés ou libres. Sur
la vie des mineurs, nous n'avons guère qu'un texte
publié par Siméon Luce pour le milieu du quinzième
siècle. Nous ne sommes pas renseignés sur ce qui se
passait dans les forges créées autour des abbayes,
et plus tard, dans les bois des grands propriétaires,
et c'est à peine si nous le sommes mieux sur les verreries des gentilshommes-verriers. Je ne parle même
pas des industries domestiques, dont l'importance
resta très considérable jusqu'à la fin de l'ancien régime, mais dont les caractères précis nous échappent.
En dépit d'un bon livre sur le sujet (2), bien des
points restent obscurs dans l'histoire du compagnonnage, et ces points ne sont peut-être pas ceux où
l'on s'attendrait à trouver plus de mystère. Et
d'abord de quand date le compagnonnage ? Faut-
il, comme certains historiens, en faire remonter les
origines au douzième et au treizième siècle ? ou bien
est-il issu, beaucoup plus tard, des confréries de
compagnons persécutées ? M. Levasseur avait mis,
en 1859, son chapitre sur le compagnonnage dans
son premier volume, qui s'arrête à l'an 1500. Il a
laissé ce chapitre en place dans son édition de 1900,

(1) *Discours de la Lanterne aux Parisiens.*
(2) MARTIN SAINT-LÉON, *le Compagnonnage.*

bien que les plus anciens des textes qu'il cite ne remontent pas au delà de 1583. C'est alors pour la première fois que l'on voit le compagnonnage exercer sa fonction économique, c'est-à-dire qu'il essaie de s'emparer du monopole du placement. Quant au « tour de France », est-il aussi ancien que le compagnonnage lui-même, et faut-il, comme M. Boyer (1), en reculer les origines jusqu'au quatorzième siècle ? Je ne nie pas que les compagnons aient pris dès lors l'habitude d'aller chercher du travail de ville en ville. Je demande à partir de quelle époque les compagnonnages des villes diverses ont été fédérés, de façon à pouvoir assurer du travail aux nouveaux arrivants, obligatoirement tenus de faire des stages successifs dans les différentes places du tour de France. Or, je ne vois pas fonctionner cette institution avant le début du dix-septième siècle. Je ne nie pas qu'il en puisse être autrement, je nie que la question soit résolue.

A côté du « Tour de France », cette émigration à l'intérieur, de bonne heure l'émigration proprement dite, temporaire ou définitive, a exercé son action sur notre histoire économique, en particulier sur le marché du travail. Dès 1568, Bodin citait, parmi les causes de l'accroissement du stock métallique français, ce qu'il appelait lui-même les « *colonies françaises*, qui vont à la file en Espagne, et principalement d'Auvergne et du Limousin ; si bien qu'en Navarre et Aragon presque tous les vignerons, laboureurs, charpentiers, maçons, menuisiers, tailleurs de pierres, tourneurs, charrons, voituriers, char-

---

(1) *Corporations de Bourges.*

reliers, cordiers, carriers, selliers, bourreliers sont Français. » Y avait-il, comme le prétend Bodin, 10.000 Français rien qu'à Valence, « serviteurs et artisans » ?

Quant à l'émigration définitive, elle eut surtout pour cause la persécution religieuse, car la classe artisane fournissait à la nouvelle doctrine de nombreux adeptes. Nous savons que Montchrestien travailla en Angleterre dans des ateliers où le français était une langue courante. Mais ce qu'il nous faudrait, ce sont des relevés méthodiques des maîtres ou compagnons qui émigrèrent à Genève, en Suisse, aux Pays-Bas, en Angleterre. Si nous sommes mieux instruits sur le mouvement de 1685 ; on discute encore sur le plus ou moins d'importance économique de cette seconde émigration.

Nous avons signalé, à propos de la modification apportée au titre du livre de M. Levasseur, le lien étroit qui rattache l'histoire de la technique à l'histoire sociale : l'organisation du travail est en grande partie d'origine technologique ; dans la draperie du moyen âge par exemple, plus tard dans la soierie, la division des travailleurs en classes distinctes est commandée par les conditions matérielles de la production. Or, ces questions nous sont très mal connues, surtout pour la période intermédiaire entre le haut moyen âge et l'époque tout à fait moderne. Il faudrait un historien, qui fût en même temps un ingénieur, pour faire l'histoire des brevets d'invention, des appareils présentés en 1603 au Conseil de commerce, des procédés usités dans les manufactures privilégiées du dix-septième siècle.

Sur d'autres terrains, ni l'histoire des subsistances

n'est complètement écrite, ni celle de l'assistance.
Le travail général de M. Afanassiev a besoin d'être
repris par provinces, et tout est à faire en ce qui concerne l'alimentation de nos villes pour le quinzième
et le seizième siècles. L'étude de M. Léon Cahen sur le
Bureau des pauvres (1) montre quels résultats fé-
conds attendent ceux qui, remontant plus haut dans
le passé, s'attaqueront à ce genre de sujets.

Enfin, si l'on a étudié le rôle du pouvoir royal, et
plus ou moins celui des villes, en matière économique,
on a presque totalement négligé celui des États généraux. De 1484 à 1614, il n'est pas une de ces assemblées qui ne se soit occupée du régime du travail, de
l'exportation et de l'importation (2). Et, ce que l'on
n'a pas assez vu, les ordonnances royales sur la
matière n'ont été fort souvent que l'homologation
plus ou moins fidèle, plus ou moins intelligente, des
vœux contenus dans les cahiers du Tiers État. Enfin,
derrière les États généraux, il y aurait, pour certaines régions, à déterminer les rôle des États provinciaux.

§ 2.

Je ne voudrais pas abuser de la patience de mes
lecteurs, et si je n'ai pu énumérer *tous* les problèmes
qui se posent devant l'historien économiste, ceux-
là sont bien, je crois, parmi les plus gros.

Mais ces problèmes, comment peut-on les résou-

(1) Paris, 1904, *Société d'hist. moderne.*
(2) Sur ceux de 1614, v. *Viertelj. f. social und Wirtschaftsgesch.*,
1903.

dre ? Je n'aurai pas la prétention de donner, en quelques lignes, un catalogue des sources de l'histoire économique ; je renverrai aux bibliographies spéciales, aux articles de revues, aux comptes rendus de l'Académie des Sciences morales. Mais je voudrais insister sur ce point qu'à l'heure actuelle le travail des recherches, en matière économique, est surtout, est presque exclusivement un travail d'archives. M. Levasseur, dans son *Rapport sur la mission économique* (1), paraît croire que, pour le moyen âge, il n'y a plus grand'chose à faire dans les archives, sauf dans les archives notariales. J'ose dire que c'est là une vue incomplète. Pour les temps plus modernes, il se limite trop à la série C (intendance), ce qui exclut en partie les faits antérieurs à l'organisation des intendances. Il y joint la série HH des Archives communales, qui traite spécialement des communautés. Mais cette série est loin d'être la seule et, bien souvent, la plus intéressante à consulter. Les délibérations des chambres de ville ou consulats ont besoin d'être soumises à un épluchage systématique, car c'est là seulement que nous pourrons saisir dans sa réalité historique, dans son être journalier, l'action économique des municipalités. Il ne faudra pas négliger la série comptabilité, d'une importance capitale au point de vue des subsistances et de l'assistance. Même des séries qui ont l'air d'être très éloignées de notre sujet, comme les séries ecclésiastiques, nous fourniront des détails précieux.

La publication de l'Inventaire du Conseil de commerce nous a révélé l'existence, aux Archives natio-

______

(1) *C. R. Acad. sc. mor.*, 1899, t. I, p. 595 et s.

nales, des trésors du fonds F 12. Et M. Sagnac (1) a montré que seule une combinaison de ce fonds avec celui du contrôle général (67) permettrait d'écrire une histoire vraie du commerce et de l'industrie au dix-septième siècle. On pourrait ajouter : et au dix-huitième.

En ce qui concerne l'histoire des classes ouvrières, je ne crois pas qu'on ait encore demandé tout ce qu'elles peuvent rendre aux archives judiciaires, archives des Parlements et des sénéchaussées. On accède malaisément à ces archives, trop souvent encore enfermées en des greffes à la fois négligents et jaloux ; leur mauvais état de conservation et de classement, les difficultés de lecture que présentent les documents de cette origine, telles sont peut-être quelques-unes des raisons qui en ont retardé la mise en valeur. Mais c'est là et non ailleurs que l'on peut voir en acte la réglementation industrielle, les conflits entre métiers, entre le capital et le travail, entre les jurandes et les irréguliers. Un bon procès nous en apprendra souvent là-dessus plus que bien des statuts, surtout un procès devant ces solennelles assises des Grands jours, en vue desquelles il semble bien qu'on fît à l'avance, dans nos provinces, ample provision de chicanes. Aux documents poudreux des greffes il faut, à partir du seizième siècle, joindre les *factums* imprimés, notamment ceux dont la Bibliothèque nationale a fait dresser l'instructif catalogue. Extraire seulement de ce catalogue les renseignements économiques, ce serait déjà (et la peine serait bien légère) rendre service à la science.

(1) Article cité.

Je ne parle même pas des archives notariales qui commencent à peine à s'entrouvrir et dont les contrats d'apprentissage, contrats de société, d'achat, de vente, etc., seront pour nous inestimables.

Mais tout n'est pas dans les archives, ni dans les travaux faits sur pièces d'archives. Il ne faut pas négliger la littérature contemporaine des phénomènes que nous étudions. En ce qui concerne les publicistes, les théoriciens de l'économie politique, la démonstration n'a pas besoin d'être faite. Ni, pour le moyen âge, Nicole Oresme, ni, pour le seizième siècle, Bodin et ses nombreux émules ou contradicteurs, ni Froumenteau, ni Laffemas, ni Montchrestien, ni Vauban et Boisguilbert ne sauraient être mis de côté, pas plus que les Savary, ou Forbonnais ou Turgot ou l'*Ami des Hommes*. C'est par là que l'histoire économique se saisit de l'essentiel de l'histoire des doctrines. Elle étudie ces doctrines non *in abstracto*, mais dans leur rapport avec les faits.

Chroniqueurs et mémorialistes, encore que leur objet soit de peindre les événements accidentels et bien visibles plutôt que les mouvements lents et continus, ont parfois été frappés par les changements essentiels. Ils ont noté, par exemple, le « déracinement » de la noblesse française sous François Ier, la première phase de la transformation qui du « gentilhomme champêtre » finit par faire un courtisan (1).

Les littérateurs purs ne doivent pas non plus être exclus du champ de nos recherches. Le dédain qu'ils affichent, à dater de la Renaissance, pour le monde

______

(1) G. DE VAISSIÈRE, *Gentilshommes campagnards.* — V. surtout les *Discours* de LA NOUE.

du travail, choses et gens, est à lui seul un enseignement. Il n'est pas indifférent de constater en quelle estime on a tenu, à chaque époque, les « laboureurs, artisans et mécaniques ».

D'ailleurs ce dédain n'entraîne pas le silence. Il ne serait pas sans intérêt de cueillir chez Rabelais toutes les mentions relatives au travail et aux métiers. Et, dix-sept ans après Bodin, l'on s'étonnera peut-être de retrouver dans les *Contes d'Eutrapel* de Noël du Fail cet écho des controverses sur la révolution monétaire :

Comparant le temps présent (1585) à celui de François Ier, Eutrapel déclare « qu'il est plus d'écus qu'il n'y avait en votre beau siècle de testons ». Et Polygame répond que cet accroissement du stock d'or ne change pas grand'chose à la richesse publique, « car du temps de Lupolde ce qui valait cent sols vaut ce jour dix livres ; ce qui est à cause des pays nouvellement trouvés, et des minières d'or et d'argent que les Espagnols et Portugais nous en apportent, qu'ils laissent finalement en cette minière de France, des bleds et ouvrages de laquelle ils ne se peuvent aucunement passer ». S'imaginerait-on qu'il faille trouver ces savantes considérations chez le facétieux auteur des *Baliverneries ?*

II

LA GÉOGRAPHIE HUMAINE
ET L'HISTOIRE ÉCONOMIQUE

Il semble que ce soit une banalité que de parler des rapports entre la géographie et l'histoire économique. Il n'est, en effet, personne pour nier que les destinées économiques d'un peuple ne soient dans une large mesure prédéterminées par son éloignement de l'équateur ou des pôles, sa position maritime ou continentale, son sol siliceux ou calcaire, la direction et le régime de ses fleuves, son climat et ses cultures.

Ce n'est pas seulement l'histoire économique, c'est encore l'histoire sociale qui nous apparaît comme dépendante du milieu. Pour peu que l'on cherche à localiser sur la carte les divers modes de propriété ou de tenure, on s'aperçoit qu'ils sont en relation avec la nature du pays. Si le pâturage communal et la vaine pâture ont subsisté beaucoup plus long-temps dans la Haute que dans la Basse Auvergne, ce n'est pas que les habitants du Sud de cette pro-

vince fussent moins accessibles que ceux du Nord
aux notions romaines de propriété. C'est que, par
la force du climat et du sol, l'unité culturale de la
Haute Auvergne n'était pas le champ, mais bien
« la montagne » : pâturage élevé dont les gazons,
bruyères et brandes, si on les morcelait en parcelles,
seraient impuissants à nourrir une famille, tandis
que la « montagne » entière peut fournir l' « esti-
vade » aux bêtes de toute une paroisse (1).

Par des causes de même ordre s'explique la persistance du régime des « chaumes » sur les sommets
dénudés des Vosges (2).

M. Henri Sée, dans ses beaux travaux sur les classes
rurales en Bretagne, signale la prédominance sur
les terres froides de certaines formes particulières
de tenure, telles que la quevaise ou le domaine con-
géable. Une carte ferait sans doute apparaître la
liaison de telle forme avec les bandes schisteuses
fleuries de genêts, de telle autre avec le granit. A
tout le moins suffit-il de parcourir les notes de
M. Vallaux sur *l'Évolution de la vie rurale en Basse-
Bretagne* (3), pour se persuader que « l'exploitation
permanente du sol y était forcément restreinte à la
zone intermédiaire entre les roches dénudées des
plateaux et des crêtes, d'une part, les tourbières de
l'autre » ; que, « dans ce pays humide et imper-
méable, l'eau est autant un obstacle qu'un adjuvant
pour la colonisation rurale ». De ces causes naturelles vient le caractère essentiel de la civilisation

(1) Voy. TRAPENARD, *le Pâturage communal en Haute Auvergne.*
Paris, 1904.

(2) BOYÉ, *les Hautes Chaumes des Vosges.* Paris-Nancy. 1903.

(3) *Ann. de Géogr.*, t. XIV, p. 36.

basse-brette, « la fragmentation de la vie sociale et économique en petits groupes séparés ».

De même les études, en apparence purement géographiques, de M. Jean Brunhes, sur l'irrigation aboutissent à des conclusions éminemment sociologiques. Il dessine, pour ainsi dire, sur le pourtour de la Méditerranée, toute une zone dans laquelle la propriété par excellence, ce n'est pas la terre, c'est l'eau. Et, suivant le plus ou moins d'abondance et de régularité de l'eau, on voit tantôt dominer des formes plus ou moins parfaites d'appropriation individuelle, tantôt se maintenir une sorte d'administration collective de l'eau, se constituer de véritables « communautés d'eau ». Ici, comme dans le régime pastoral, collectivisme et propriété individuelle ne sont pas des termes antithétiques, mais des types sociaux différents en rapport avec des milieux distincts.

Il importe de pousser plus loin l'analyse. Depuis un siècle, sous l'impulsion des Karl Ritter, des Friedrich Ratzel, des Vidal de la Blache, toute une science s'est constituée des rapports entre la terre et l'homme. D'une étude purement descriptive, ils ont fait une science véritablement explicative. Cette science doit beaucoup à l'histoire, et hier encore un de ses adeptes montrait qu'elle doit puiser dans les archives une bonne part de ses matériaux (1).

De leur côté, les historiens n'ont peut-être pas encore tiré de la géographie humaine tout le parti qu'il eût fallu. Cela tient sans doute à ce qu'ils l'ont

(1) A. Demangeon, *les Sources de la géographie de la France aux Archives nationales.* Paris, 1905.

considérée trop exclusivement comme une science
« statique », la science des conditions *permanentes*
de l'évolution sociale.

Quand, au début d'une étude d'histoire économique, l'on s'est borné à décrire le pays dans lequel
une société donnée va désormais évoluer, on croit
avoir demandé à la géographie tout ce qu'elle est
capable de fournir. Elle a sa place, qu'on avoue nécessaire, dans l'introduction ; elle ne reparaît plus
pour ainsi dire dans la suite de l'ouvrage. Ou si elle
y reparaît, c'est uniquement comme un procédé
commode de classification, comme un moyen pour
situer quelque part dans l'espace les phénomènes
économiques et sociaux que l'histoire a pour mission d'étudier dans le temps. Rencontre-t-on dans
ces livres un chapitre intitulé : « Géographie des industries à telle époque » ? c'est une énumération
des usines de divers ordres, plus ou moins exactement distribuées par régions. Mais cette classification est dépourvue de toute valeur explicative. Si,
e: nous reportant au tableau géographique du début,
nous pouvons encore comprendre pourquoi telle industrie s'est développée dans telle province, à proxi-
mité des lieux de production de la matière première
ou des débouchés des articles fabriqués, il y a une
chose qu'on ne nous dit pas : à savoir, quelles conditions géographiques nouvelles ont subitement,
dans cette province, réveillé des énergies auparavant
latentes ; quelles conditions, dans cette autre province, ont amené la disparition d'industries prospères. Il semble, à lire ces livres, que les conditions
géographiques du début soient restées immuables,
non susceptibles de modifications. La géographie

n'est plus que le cadre permanent et rigide à l'intérieur duquel l'évolution sociale se meut en vertu des
lois qui lui sont propres, sans entretenir avec le
milieu d'autres rapports que de vagues rapports de
coexistence.

Or, si les historiens s'étaient davantage imprégnés
de toutes les idées nouvelles qui ont transformé la
géographie, ils sauraient que les rapports de la terre,
et de l'homme ne s'établissent pas entre deux termes
invariables, mais bien entre deux termes dont la
valeur change sans cesse.

L'homme évolue, et la terre aussi change. Il est
vrai que les changements qui affectent de très vastes
ensembles se produisent avec une telle lenteur qu'ils
sont à peu près dépourvus de toute signification
historique. Mais, si les changements plus rapides
que l'observation humaine peut constater s'appliquent à des aires plus limitées, ils n'en influent pas
moins, — retraits de la mer, relèvement ou abaissement des côtes, inondations, etc., — sur la vie des
sociétés. D'autre part, l'homme lui-même modifie
la face de la terre. Quelques-uns des changements
qu'il opère sont assez visibles, assez gros de conséquences immédiates pour qu'on ait de tout temps
songé à en tenir compte. Comme, par exemple, lorsqu'il lui arrive de joindre deux Océans. Mais sans
parler d'œuvres aussi grandioses que les percements
d'isthmes, combien d'entreprises plus modestes, dessè-
chement, irrigation, déforestation ou reboisement,
viennent, en bien, en mal, sur notre « tableau géographique », effacer ou atténuer certains traits, en ren-
forcer ou en souligner d'autres, en mettre quelques-uns
en lumière que d'abord nous n'avions pas aperçus !

Non seulement l'homme crée des valeurs géographiques nouvelles, mais surtout il établit entre ces valeurs de nouveaux rapports ; il détermine, dans le monde des forces géographiques, des ruptures d'équilibre.

C'est ainsi que la géographie humaine est en un perpétuel devenir. Si exacte qu'elle soit, la description anthropo-géographique d'une région ne peut être pleinement explicative que si elle est conçue suivant un plan historique. Quels services peut rendre à l'histoire économique cette conception du dynamisme géographique, c'est ce que je vais essayer d'indiquer par quelques exemples.

*
* *

La position. — S'il est un fait géographique qui, de sa nature, semble immuable, c'est bien la *position*. Évidemment les coordonnées astronomiques d'un lieu ne changent pas avec le temps. Mais c'est précisément l'une des idées les plus fécondes mises en circulation par Ratzel, que la valeur géographique de ces coordonnées n'est pas constante. Ce qui donne à un lieu sa valeur géographique, c'est sa position par rapport à ce que les anciens appelaient la terre habitée, l'*œkoumène*, à ce que nous appelons le monde civilisé. Il y a des peuples situés à l'intérieur de cette zone bénie, qui voient en face d'eux, qui ont derrière, autour d'eux, d'autres peuples civilisés avec lesquels ils peuvent échanger des produits et des idées. D'autres peuples, situés sur les bords extérieurs de cette zone, n'aperçoivent devant eux que le vide, ils s'adossent simplement à la civilisation, ils n'y touchent que par un de leurs côtés ; et leur développement est par suite beaucoup plus lent.

Mais le tracé de l'œkoumène n'est pas un dessin rigide ; c'est une courbe irrégulière et variable, dont le diamètre est à peu près donné à tout moment par l'axe commercial, c'est-à-dire par le principal courant des échanges. A mesure que cet axe se déplace, on voit aussi se déplacer et se déformer la tache qui, sur le globe, recouvre les principaux foyers de civilisation. Aussi se produit-il de véritables interversions historiques entre ce que l'on peut nommer *le côté intérieur* et *le côté extérieur* d'un continent par rapport au monde civilisé.

L'Afrique de l'Ouest était « en dehors » au temps où l'histoire se mouvait exclusivement dans la Méditerranée et l'Océan indien ; mais il y a maintenant une histoire « atlantique », et un port comme Dakar devient un des nœuds importants de la vie du globe. Dans l'antiquité classique, les peuples de l'Europe du Nord-Ouest étaient par excellence des peuples extérieurs : *Et toto penitus remotos orbe Britannos.* Aujourd'hui c'est plutôt la Perse et l'Inde, berceaux des civilisations antiques, qui sont « en dehors ».

Une position « méditerranéenne » a conféré une sorte de monopole exclusif à ses titulaires jusqu'au jour où César, par la conquête des Gaules, provoqua ce formidable mouvement qui devait s'achever par l'établissement des races européennes sur les deux rives de l'Océan mystérieux (1).

---

(1) Voy. sur ces points l'*Anthropogeographie* et la *Politische Geographie* de Fr. RATZEL.

En leur temps les riverains du Pacifique furent
des peuples du dehors, de ces peuples qui ne con-
templent qu'un seul horizon. Nous assistons aujour-
d'hui à un nouvel acte du grand drame : un nouvel
Océan, le plus vaste de tous, entre dans l'histoire.
San Francisco a cessé d'être la ville de l'Extrême-
Ouest. Si elle regarde d'un côté vers Chicago et
New York, elle ouvre, de l'autre, sa « Porte d'Or »
vers Changhaï et Yokohama.

*
* *

Les Routes. — En même temps que s'intervertis-
sent les positions respectives des peuples, on voit se
déplacer aussi les chemins qui relient les peuples
entre eux.

Peu de faits géographiques ont une importance
sociale comparable à la route. Sans prétendre, avec
quelques sociologues, que la « route crée le type
social », il faut reconnaître qu'elle fait pénétrer des
influences géographiques nouvelles dans un milieu
d'où elles étaient d'abord exclues. C'est par les
bandes limoneuses interposées entre les forêts, beaucoup plus que par les fleuves aux bords marécageux,
que se firent les migrations qui conduisirent nos
aïeux du Haut Danube ou de l'Elbe vers les pays de
la Saône et de la Meuse. Les voies romaines tracées
à travers la Gaule firent entrer dans l'orbite méditerranéenne les pays du Rhin et de la Grande-Bretagne, répandirent le long des fleuves gaulois les
cultures, les procédés industriels, les formes d'organisation des peuples du Midi. A ce réseau primitif,

M. Vidal de la Blache a comparé celui qui existait vers la fin de l'ancien régime (1). A cette dernière époque, la centralisation a mis en lumière un fait géographique que la carte des voies romaines ne laissait qu'à peine entrevoir : la situation privilégiée de la cuvette parisienne. Par contre, la voie de Bourgogne en Flandre par la « vallée » du Bassigny, qui avait joué un rôle si considérable jusqu'au quinzième siècle, tant qu'avait vécu l'État flamand-bourguignon, a perdu de son importance. Quant à notre réseau ferré, d'abord superposé à celui des routes royales, il cesse peu à peu de concorder avec lui. On voit son faisceau le plus important se déplacer vers l'Est, à mesure que le grand courant de la circulation européenne s'ordonne suivant la ligne Rotterdam-Gênes. D'un autre côté, par les chemins de fer et les canaux, on peut prévoir la réapparition, entre l'Est et l'Ouest de notre pays, de linéaments qui semblaient oblitérés depuis l'époque romaine.

Nous sommes tellement habitués à nos routes actuelles, qu'il nous semble qu'elles ont dû toujours exister, qu'elles correspondent à des nécessités physiques inéluctables. En réalité leur tracé fut très variable.

L'intense circulation qui s'est développée sur la ligne Paris-Dijon-Lyon-Marseille (avec sa variante Dijon-Turin-Gênes) nous semble traduire une sorte de prédestination géographique. Or, ce n'était nullement la route suivie par nos armées au temps des guerres d'Italie. Dans *La totale et vraie description de tous les passages par lesquels on peut passer et*

____

(1) *Tableau géographique de la France*, conclusion.

entrer des Gaules ès Ytalies, Jacques Signot, en 1515, dessine cette route par Étampes, Toury, Orléans, Bourges, Moulins, Lyon ; et ce sont bien ces étapes que nous révèlent les itinéraires royaux. Au milieu du dix-septième siècle, le prêtre bolonais Sébastiano Locatelli va de Lyon à Roanne, descend la Loire en bateau jusqu'à Briare, gagne Paris par Fontainebleau. Au retour, le coche d'eau le mène à Joigny ; puis il prend ces routes du Morvan dont le sable fin et résistant était préféré par les diligences, comme il l'est aujourd'hui par les automobiles, aux calcaires boueux de la Bourgogne, et c'est par les défilés de Chagny qu'il rejoint la Saône (1). Plus tard, le grand roulage passa surtout par les plateaux secs du Châtillonnais, créant sur son passage une chaîne de relais prospères, aujourd'hui bien délaissés, depuis que le chemin de fer, à son tour, a souligné un trait géographique jusque-là inaperçu, l'extrême pénétrabilité des vallées de l'Auxois.

*
* *

Les établissements humains. — Comme les routes, les établissements humains sont en étroit rapport avec la géographie ; mais, suivant les conditions générales de la civilisation, c'est tel ou tel fait géographique qui détermine la fixation des groupes d'hommes. Si précieuse que puisse être pour eux une situation fluviale, les villages se tiennent à quelque distance des fleuves, sur les terrasses qui les do-

---

(1) *Voyage de France* (1664-1665), publié par A. VAUTIER. Paris, 1905.

minent, au temps où les eaux, n'ayant pas encore achevé leur évolution, coulent dans un lit encombré de marécages, fouillé par les inondations. On les voit descendre au contraire quand la rivière se régularise.

Pendant longtemps aussi, ce qui a fait obstacle aux influences naturelles, c'est le besoin de protection et de défense. Prenons une de ces régions, comme le rebord méridional du plateau de Langres et de l'Auxerrois, où se dressent au milieu de la plaine grasse des « buttes-témoins », bastions démantelés de l'ancienne muraille.

Quoique l'eau, les champs, les vignes, les arbres fruitiers soient en bas, c'est sur ces pitons isolés que se sont installés les villages anciens, villages féodaux et villages d'abbayes, Vézelay, Montréal, Talant, Fontaine-Saint-Bernard, etc., simples *castella* dont le rôle était de dominer les routes et de servir de refuge en cas d'alerte. Aujourd'hui que cette stratégie primitive n'a plus de raison d'être, les villages de nouvelle création s'installent au pied des buttes, au niveau des sources et près des cultures. Si bien qu'on pourrait presque, en relevant sur la carte géologique la position des villages, fixer l'âge approximatif de chacun d'eux. Il y a mieux : le village ancien s'est parfois doublé d'une agglomération nouvelle ; et tandis que sur le sommet des pitons subsistent les vieilles murailles, les maisons étroites, couvertes des « laves » grises de la montagne, serrées autour des citernes en rues tortueuses, l'on voit s'égrener joyeusement sur la pente, au milieu des vergers, les maisonnettes aux tuiles rouges qui dévalent jusqu'au niveau des puits et des mares.

L'obstacle a disparu, et la grande loi de la géographie humaine, la recherche de l'eau, a repris tout son empire ; c'est elle qui fait descendre le village du récif vers la plaine (1). Nous avons là, en quelques dizaines de mètres, tout un raccourci de l'évolution historique de la géographie humaine.

*
* *

Cultures. — Mais c'est surtout le rapport des cultures à la nature du sol qui est essentiellement muable, et la variation de ce rapport entraîne souvent avec elle la modification de la vie sociale. M. Henri Clouzot a conté comment, du treizième au quatorzième siècle, les marais de la Sèvre et du Lay, asséchés par le patient labeur des abbayes et des communautés d'habitants, se transformèrent en champs de blé, en prés, en vignes. Il a exposé les conséquences juridiques et sociales de cette transformation. Les atterrissements étant de droit au roi, il y eut toute une lutte des agents du fisc contre les usurpations des riverains dessiccateurs. D'autre part, pour parfaire le desséchement, se formèrent des associations rurales, et, grâce aux droits d'usage et de pacage, les marais desséchés ou mouillés restèrent souvent communs aux paroisses. Voilà encore une forme de propriété collective donnée par la nature.

Lorsque les seigneurs réussissaient à maintenir les

(1) Inversement dans les Marais Pontins, d'anciens villages de plaine (comme Ninfa) ont été désertés au profit des hauteurs, parce que la plaine est devenue le domaine de la *malaria*. La *bonificazione* des marais amènera la redescente des hommes des pitons calcaires vers la prairie luxuriante.

marais sous le régime de la propriété individuelle, ce n'étaient ni la clôture ni le bornage qui déterminaient leur domaine, mais les *bots* ou digues élevés entre les marais et les *achenaux* ou rigoles, si bien que certains élevaient des bots ou creusaient des achenaux « pour justifier une propriété usurpée ».

Ailleurs, c'est l'emploi d'un nouvel amendement qui a permis de mettre en valeur des forces jusque-là inutilisées. L'exemple de la Sologne est classique. Ailleurs encore, c'est surtout l'ouverture des voies de communication, le rapprochement des débouchés, qui a fait rendre aux richesses naturelles leur maximum d'effet. Dans la partie intérieure du pays de Léon, le paysan breton s'entêtait à faire produire à des terres siliceuses et humides de médiocres récoltes de céréales. L'ouverture de débouchés pour l'élevage a métamorphosé ce pays de pauvre culture en un verdoyant pays de prairies. Dans le Vannetais et la Cornouailles, c'est aussi la voie ferrée qui a développé le pommier à cidre, dont les fruits sont réclamés, à plus de 1.000 kilomètres de là..., par l'industrie wurtembergeoise.

Mêmes phénomènes dans un autre pays de bocage, de type presque breton, situé au Sud de la Loire, dans les Mauges. En 1830, le pays était encore cultivé par jachères mortes. Le chemin de fer y a développé le bétail gras, fait disparaître les landes dès 1873, et, comme conséquence, morcelé la propriété. Il fallait jadis à une famille, pour vivre, de vastes étendues de mauvaises terres sous landes ; elle se contente aujourd'hui d'une ferme de moins de 30 hectares (1).

______

(1) LEVAINVILLE, *Ann. de Géogr.*, t. XIV, p. 310.

Le progrès de la civilisation, loin d'effacer les rapports entre le sol et la vie rurale, amène une localisation plus marquée des cultures. Dans son livre sur la plaine picarde, M. Demangeon note la concentration de plus en plus marquée de la culture intensive sur les limons, de l'élevage sur les terres de l'Ouest, il note également la persistance des industries campagnardes pendant la morte-saison, le maintien du type si curieux du paysan ouvrier.

*
* *

Industries. — De toutes les formes de l'activité humaine, celle qui se déplace le plus aisément, c'est l'industrie. Superposez une carte industrielle de la France en 1789 et en 1889, vous verrez apparaître les différences. Sur le première de ces cartes, vous serez frappés de l'extrême dispersion des établissements industriels. Comme la force motrice est surtout alors fournie par l'eau, c'est une vraie poussière de petites usines établies partout où se trouve un ruisseau assez abondant, assez rapide, assez régulier pour faire tourner une roue de moulin. A peine si l'on voit se dessiner quelques groupes plus compacts, Normandie, Lorraine, Alsace et Haute-Bourgogne, Lyonnais et Dauphiné, Bas-Languedoc, c'est-à-dire dans les provinces où existent des gisements minéraux, ou dans celles qui jouissent de facilités particulières pour l'importation des matières et l'exportation des produits. En 1889, le « procès » de concentration est achevé. Les pays à houille :

Nord et Nord-Est, Rhône-et-Loire, font sur la carte des taches sombres, qui projettent à quelque distance leurs tentacules. Le Centre s'est vidé.

Déjà, la carte de 1904 ne serait plus exactement superposable à celle de 1889. A la période de concentration amenée par le triomphe de la houille noire, semble devoir succéder une période de dispersion causée par l'avènement de la houille blanche ou verte. L'eau retrouve son rôle oublié de force motrice, et c'est de nouveau le long des rivières que se groupent les usines, remontant le cours des ruisseaux jusqu'à l'intérieur des massifs montagneux.

Avec le temps change également la signification industrielle des grandes villes. A la fin du dix-huitième siècle, un économiste (1) pouvait écrire que « Paris, considéré comme ville de fabrique, ne peut soutenir aucune comparaison avec Lyon, Rouen et quantité d'autres villes ». « La cherté de la main-d'œuvre n'y permettait que la prospérité des manufactures dont les matières premières sont précieuses, ou dont la fabrication demande beaucoup de perfection et le concours immédiat des arts. »

Au dix-neuvième siècle, cette situation s'est trouvée renversée :

1° Parce que le machinisme a diminué l'importance de la main-d'œuvre ;

2° Parce que l'amélioration du cours de la Seine et les canaux ont permis d'amener à Paris non seulement les matières lourdes, mais le combustible du Nord et de l'Angleterre ;

3° Parce que le système de nos voies ferrées a mis

(1) Cité par Levasseur, *Classes ouvrières*, 2ᵉ éd., t. II, p. 704.

aux portes de Paris tous les débouchés nationaux
et étrangers.

Ces études auraient besoin d'être poussées dans
le détail. L'une des plus suggestives est celle que
M. Bulard a consacrée à l'histoire de la sidérurgie
dans la région champenoise (1). Il a prouvé que,
suivant les époques, les forges s'étaient établies sur
trois différents auréoles du bassin parisien. Au
temps des abbayes défricheuses, on recherche les
terrains où le minerai est facile à traiter par les
moyens rudimentaires dont on dispose. Au seizième
siècle, le perfectionnement des méthodes fait pré-
férer la zone géologique riche en combustible végétal,
fût-elle moins riche en minerai. Au dix-huitième
siècle, c'est la question des voies de communication
qui agit surtout sur la localisation des hauts four-
neaux. — Un exemple typique de ces déplacements
nous est donné à l'heure présente par la transformation de la région de Longwy-Briey, à la suite de
l'emploi en grand des minerais phosphorés. Ici, un
nouveau procédé industriel a bouleversé la hiérarchie des gisements miniers.

*
* *

Ainsi la géographie humaine et l'histoire économique sont en perpétuelle action et réaction l'une
sur l'autre. Actions et réactions perpétuellement
changeantes. — Le progrès humain, ou en d'autres
termes l'histoire, ne supprime pas l'influence des

(1) L'Industrie du fer dans la Haute-Marne (*Ann. de Géogr.*, 1904).

causes géographiques. Ce que fait l'histoire, c'est de restreindre pour un temps plus ou moins long l'action de certaines forces naturelles, et d'en déchaîner d'autres dont l'action jusque-là n'était guère apparente.

Un chemin de fer rapide entre deux pays éloignés, Chicago et San Francisco par exemple, oblitère les faits géographiques de la distance, des Montagnes Rocheuses, du Grand Bassin ; mais il révèle cet autre fait, que la côte tiède de Californie, avec ses fruits du Midi et ses minerais, est complémentaire de la Prairie. Il met Chicago, ses machines agricoles, ses conserves à la porte du Pacifique.

L'établissement d'un canal à grande section qui ferait Chicago port de mer serait une révolution géographique. Qu'on le double du chemin de fer Winnipeg-baie d'Hudson, et voilà définitivement la zone à blé de l'Amérique du Nord transformée en « ferme » de l' « usine » anglaise. C'est ainsi que l'établissement de lignes rapides entre Londres et l'Australie, entre Londres et la Plata, a seul mis en lumière ce petit fait de cosmographie : à savoir qu'il est des pays producteurs de céréales qui moissonnent pendant notre hiver.

Tout comme la découverte d'une nouvelle route des Indes à la fin du quinzième siècle, avait eu pour effet de ruiner non seulement Venise, mais Augsbourg, et de faire délaisser les chemins des Alpes, tout de même et inversement le percement de nouveaux tunnels fait de Gênes le débouché de l'Europe centrale, et transforme véritablement l'Allemagne en riveraine économique de la Méditerranée. Ce que le Gothard a fait, ce que le Simplon va faire pour Gênes, la Loire navigable et une meilleure organisation de nos voies ferrées transversales pourraient demain le faire pour Nantes, en ramenant Bâle dans l'arrière-pays de notre côte atlantique. C'est surtout en géographie humaine que les vieilles choses peuvent reparaître et que, suivant le mot célèbre, *multa renascentur quae jam cecidere*.

L'action de la terre sur l'homme ne s'exprime donc pas en rapports immuables, mais perpétuellement changeants. Nous sommes loin, comme l'on voit, des conceptions enfantines, et légitimement rejetées par les historiens, qui voulaient expliquer toute évolution humaine par un rigide déterminisme géographique. Cette définition de l'Angleterre : « un bloc de fer et de houille », ne suffit pas à rendre compte de toute l'histoire anglaise, mais seulement d'un moment de l'histoire anglaise, de celui où toutes les lignes de force tracées à travers le globe se sont trouvées rencontrer leur point d'intersection dans cette île abondamment pourvue des deux matières alors réclamées au premier chef par l'industrie et le commerce. Que ces lignes de force viennent à se déplacer, et la Grande-Bretagne peut se trouver de nouveau dans une position excentrique, à l'écart des grands courants internationaux.

Si les causes géographiques sont relativement permanentes, leur action sur l'homme est donc prodigieusement variable, et c'est à condition d'analyser ces variations que l'histoire économique pourra demander à la géographie humaine — et lui fournir à son tour — les plus précieux enseignements.

III

CONTROVERSE SUR LES MONNAIES
1566-1578 [1]

I. — LA QUESTION DE LA MONNAIE.

Les années qui suivent la mort de Henri II ne
marquent pas seulement l'explosion des guerres religieuses : elles donnent à l'observateur l'impression
d'une époque de malaise social. Ce malaise fut si
vivement senti par les contemporains qu'ils s'ingé-
nièrent à en trouver les causes. Cette recherche mit
en lumière l'un des côtés de la question, l'enchérissement de toutes choses. C'était l'effet le plus tan-
gible, le plus immédiatement et universellement sai-
sissable de la révolution économique. Il atteignait
à la fois l'État, dont il diminuait les revenus, et un
certain nombre de classes particulières.

Cet effet ne s'est pas produit — comme on l'écrit

(1) Extrait du *Bulletin des sciences économiques et sociales du
comité des travaux historiques et scientifiques* (année 1905).
Paris, 1906.

quelquefois — dès le début du seizième siècle (1).
Tout au contraire le début du seizième siècle, en ce
qui concerne la France, est une période de rareté
des métaux précieux ; l'or et l'argent y sont chers.
Même de 1521 à 1544, les mines du Nouveau-Monde
ne produisaient encore, d'après les chiffres de Soet-
beer, que 90.000 kilogrammes d'argent par an, pas
le double de ce qu'elles avaient donné entre 1493 et
1520 (de même pour l'or). Et, comme le montre bien
M. Levasseur (liv. V, chap. ii), cet accroissement du
stock métallique fut loin d'agir immédiatement sur
la valeur des métaux en France ; du moins n'agit-il
pas proportionnellement à sa masse. Le marché
mondial des métaux précieux n'était pas encore
constitué. Les barrières douanières, les guerres, l'im-
parfait développement du commerce international
ne permettaient pas aux métaux de se comporter
comme une matière fluide qui cherche son équilibre
dans des vases communiquants. Il fut loisible à l'Espagne, pendant plusieurs années, de garder chez
elle et dans les pays soumis à sa domination ses
doublons et des ducats.

Ce phénomène, qui nous paraît étrange de nos jours,
d'une très grande différence de niveau entre les prix
de deux régions voisines mais politiquement différentes, ce phénomène était possible alors. L'érudit
qui se donnerait la peine de comparer, pour le règne

(1) Révolution, écrit M. Levasseur, *Classes ouvrières*, 2e éd., II, 57,
« lente et presque inaperçue dans la première moitié du siècle,
rapide et très sensible dans la seconde moitié, préjudiciable aux
uns, avantageuse aux autres, incomprise de presque tous... » Voir
aussi Levasseur, *Mém. sur les monnaies du règne de François I*er
(*Ordonannces de François I*er, t. I), p. CLXXVI.

de François Ier, les prix du duché et ceux du comté de Bourgogne, de la Flandre et de la Picardie, se réserverait sans doute bien des surprises.

Le peu qui filtrait à travers les frontières espagnoles — surtout grâce à la contrebande — était, en France, absorbé par les besoins croissants du commerce, alors en pleine prospérité, par la réfection du matériel industriel, par le développement du luxe royal et seigneurial (architecture, vêtements, beaux-arts, etc.), par les exigences du fisc et les dépenses militaires. Il ne pouvait influer que très faiblement sur les prix.

Tout change après la découverte du Potosi, qui est de 1545. De cette date à 1560, ce n'est plus 90.000, c'est plus de 300.000 kilogrammes d'argent que l'Europe reçoit annuellement du Nouveau-Monde. L'afflux était cette fois trop considérable, la rupture d'équilibre trop énorme pour que les anciennes digues pussent résister à cette pression. La paix de 1559 rétablit des relations commerciales normales entre la France et l'Espagne, juste au moment où l'Espagne a un besoin urgent de marchandises et de denrées françaises, qu'elle ne peut payer qu'en exportant ses métaux précieux. Lorsque les guerres de religion commencent, la formation d'un parti espagnol en France amène, par d'autres voies, l'entrée dans notre pays de quantités (difficiles à évaluer, mais sans doute considérables) de métaux précieux.

La marée bat son plein sous le règne de Charles IX. Une analyse, même superficielle, de ce phénomène de la cherté devait naturellement éveiller l'idée qu'il n'était pas sans corrélation avec les variations de monnaie, commune mesure de tous les prix. Or, tandis qu'entre 1455 et 1511 on taillait encore 11 livres 13 sols dans le marc d'argent de 245 grammes, entre 1561-1572 on y tailla 17 livres 10 sols. La valeur intrinsèque de la livre, en poids d'argent fin, avait donc passé de 4 fr. 64 à 3 fr. 11 (1), c'est-à-dire qu'elle avait baissé de plus du quart. Si même le pouvoir de l'argent était resté identique, un nombre égal de livres n'aurait pu acheter, sous Charles IX, que les trois quarts de ce qu'il achetait sous Louis XII.

En dehors des variations de la valeur intrinsèque de la monnaie de compte, considérée comme une fraction décroissante du marc, il faut faire état des modifications que subissait le poids des monnaies de change elles-mêmes. Cependant la valeur intrinsèque de l'écu d'or soleil ne paraît pas avoir beaucoup varié dans le cours du seizième siècle. Mais ce qui varia, c'est le rapport des deux métaux entre eux.

C'est en effet une chose curieuse que la découverte des *Eldorados* n'ait pas sensiblement accru le chiffre de la production moyenne du métal or. Ajoutez à cela que l'activité nouvelle dont les mines d'or européennes paraissent avoir été le théâtre pendant la période de raréfaction du début du siècle a pu faire d'avance équilibre aux arrivages d'Amérique, et qu'une grande partie de l'excès d'or a dû être immédiatement absorbée par les usages artistiques ou somptuaires. Toujours est-il que la quantité d'or produite annuellement entre 1545 et 1560 (soit 8.510 kilogr.) est loin d'être sans commune mesure avec les 5.800 kilogrammes de 1493-1520, et que le

______

(1) Je prends ici les chiffres de M. d'Avenel, parce qu'il s'agit simplement de valeurs intrinsèques.

chiffre paraît être redescendu (6.840 kilogr.) entre 1561 et 1580. Cependant, nous le savons, la production de l'argent augmentait par des bonds prodigieux. Tandis, à ce que l'on affirme, que le poids d'or et le poids d'argent extraits d'Amérique représentaient avant 1545 des valeurs sensiblement équivalentes, la découverte du Potosi fit passer la production d'argent au quadruple de la valeur de la production d'or. Si mal renseignés que nous soyons sur les variations du rapport réel entre les deux métaux précieux, nous ne pouvons refuser à ces variations une certaine amplitude. Elles ont certainement été moins amples en France, où la monnaie d'or reste rare, qu'en Espagne, où le rapport semble avoir passé, entre 1497 et 1512, de 10.75 à 1 à 13.90 à 1. Elles ont dû être plus importantes que ne le laisseraient supposer les fixations officielles (1).

Cette question de la monnaie déjà traitée sous Charles V par Nicole Oresme, d'après Aristote, nous la voyons remise à l'ordre du jour sous Charles IX. De 1566 à 1578, elle défraye la littérature politique. Le nombre de livres qui s'en occupent, et dont quelques-uns furent réédités, témoigne de l'intérêt que le public prenait à cette controverse.

Les principaux documents pour l'étude de cette controverse sont :

1° *Les remonstrances et paradoxes du seigneur de Malestroict, conseiller du Roy et maistre ordinaire de ses comptes, sur le fait des monnoyes, présentez à Sa Majesté au moys de mars 1565* (2). Ces *Paradoxes*

______

(1) Données, sans discussion, par M. LEVASSEUR, II, 66, note 1.

(2) A Poitiers, chez Noscereau, « suivant la copie imprimée à

ne sont guère connus aujourd'hui que par la réfutation qu'en fit Bodin. Il y a là une réelle injustice ; assurément Malestroict est loin d'avoir la largeur et l'élévation d'esprit, le sens économique de Bodin, mais il a eu le mérite de mettre la question de la monnaie à l'ordre du jour, et il a bien démêlé l'un des éléments du problème : l'influence de la valeur nominale des espèces sur le prix apparent des choses ;

2° *Le Discours de Jean Bodin sur le rehaussement et diminution des monnoyes tant d'or que d'argent, et le moyen d'y remédier, et responce aux* Paradoxes *de M. de Malestroict,* 1568 (1). C'est à tort qu'on a vu deux ouvrages différents dans cette édition et dans celle qui fut donnée en 1578 en tête de l'ouvrage suivant :

3° *Plus un recueil des principaux advis donnez en l'assemblée de S. Germain des Prez au mois d'aoust dernier, avec les Paradoxes sur le faict des monnoyes, par François Garrault, seigneur des Gorges, conseiller du Roy et général en sa cour des monnoyes* (2) ;

4° Antérieurement à ce *Recueil,* le *Discours sur les causes de l'extrême cherté qui est aujourd'huy en France, et sur les moyens d'y remédier* (3).

A ces documents essentiels on peut joindre les *Remonstrances faites par M. de Bailly* le 10 mai 1566,

Paris, par M. de Vascosan », 1566, in-8° de 8 ff. (B. N., Lf⁷⁷ 21). Ils furent réédités plus tard avec la réponse de Bodin. Voir LEVASSEUR, *Mémoire sur les monnaies...,* p. CLXXI.

(1) B. N., nos deux impressions de Paris, 1568, Lf⁷⁷ 18ₐ (disparue) et 21 rés.

(2) Paris, du Puys, 1578, in-8°, Lt⁷⁷22.

(3) Paris, L'Huillier, 1574.

le *Traité des Finances de France* de 1580, et le *Secret de Froumenteau* (1).

II. — Les Paradoxes du seigneur de Malestroict

Pénétrons maintenant dans l'histoire de la controverse.

Lorsque Malestroict, en 1566, publia son opuscule, il y avait trois ans que la Chambre des comptes avait été chargée par le roi d'étudier la question des monnaies : « l'étrange enchérissement que nous voyons pour le jourdhuy de toutes choses : lequel, combien que chacun, tant grand que petit, le sente à sa bourse : si est ce que peu de gens peuvent goûter la source et origine de ce mal, laquelle faut nécessairement tirer du fond et abîme des monnaies ».

Vis-à-vis de ce problème, l'attitude prise par Malestroict est des plus curieuses. Au moment où tout le monde se lamente sur la « cherté », son principal « paradoxe » consiste à soutenir « que l'on se plaint à tort en France de l'enchérissement de toutes choses, attendu que rien n'y est enchéri depuis trois cents ans ». Il montre que l'échange des diverses denrées contre un même instrument est tout à fait assimilable au troc ordinaire, et il affirme, en comparant son temps à celui de Philippe de Valois, que « pour l'achat de toutes choses l'on ne baille point maintenant plus d'or ni d'argent que l'on en baillait alors ». C'est ce qui lui reste à démontrer.

(1) M. Levasseur (*Mémoire...*, p. clxxvii, note 3) cite également les *Advis de M. Thomas Turquam... en une assemblée faicte à Paris au mois de septembre 1577... afin d'abolir le compte à sols et à livres.*

Son raisonnement repose sur les variations de la valeur nominale de l'écu, exprimée en monnaie de compte, c'est-à-dire en livres, sols et deniers tournois. Il prend pour unité de mesure le prix d'une marchandise, l'aune de velours.

L'écu d'or aux fleurs de lis de Philippe de Valois, de meilleur poids et aloi que l'écu soleil, ne valait alors que 20 sols tournois, c'est-à-dire se *comptait* pour une livre. L'écu soleil de 1566, quoiqu'un peu plus faible, se compte pour 50 sols, deux fois et demie plus.

Or l'aune de velours valait sous Philippe VI quatre livres, ce qui veut dire qu'elle s'échangeait en réalité contre quatre pièces d'un écu. Aujourd'hui l'aune vaut dix livres, mais elle s'échange toujours contre quatre écus : « Donc ladite aune de velours n'est point maintenant plus chère qu'elle était alors. » Les 80 sols du premier compte valent autant que les 200 du second. « Et ainsi l'enchérissement que l'on cuide être maintenant sur toutes choses, ce n'est qu'une opinion vaine, ou image de compte sans effet ni substance quelconque. Car toujours faut revenir à notre premier point, qui est de savoir et entendre pour vrai que *nous ne baillons point maintenant plus grande quantité d'or ou d'argent fin qu'il s'en baillait le temps passé* pour l'achat de toutes choses. Ce qui se voit et vérifie tout de même, de temps en temps et de règne en règne, depuis saint Loys jusques à présent. *Par quoi ne se peut dire ni soutenir qu'aucune chose soit enchérie puis ledit temps* (1). » On a demandé à la Chambre : Quelles sont les causes de la cherté ? Malestroict répond : Il n'y a pas de cherté.

____

(1) C'est moi qui souligne.

L'aune de velours était un mince argument. Aussi Malestroict essaye-t-il d'asseoir sa proposition sur une comparaison des prix des denrées. Il écarte l'année courante 1566, « qui est la plus étrange et irrégulière qui ait par aventure jamais été vue en France, que les blés et vins ont été quasi tous perdus, voire le bois des vignes et les noyers gelés », et prend pour base une année commune.

Il évalue, pour son temps, le muid de vin à 12 livres tournois, et compare ce prix avec celui du temps de Jean le Bon. Le franc d'or valait alors 20 sols tournois, il en vaut 60 en 1566. Or le muid de vin, qui valait sous Jean 4 livres, soit 4 francs, vaut sous Charles IX 12 livres, soit 4 francs.

On voit que le procédé de démonstration reste identique : « Le semblable est des grains et autres telles marchandises. »

Il y a, en somme, chez Malestroict, une idée fort juste : à savoir que la monnaie de compte n'est qu'une « image », que l'or est une marchandise comme une autre et que l'important, en définitive, c'est le poids d'or fin contre lequel s'échangent telles ou telles marchandises.

Admettant ce postulat de l'immutabilité des prix réels exprimés en poids d'or, il montre que l'abaissement nominal de la monnaie de compte a eu pour effet de ruiner certaines classes de la société : par exemple les nobles, les officiers à gages, les bourgeois à rentes :

1º Un gentilhomme du temps de Philippe de Valois touchait un cens de 50 sols : ces 50 sols étaient échangeables contre 2 écus et demi, soit une demi-aune un huitième de velours. Aujourd'hui il touche toujours 50 sols ; mais ses sols ne font plus qu'un écu, échangeable contre un quart d'aune seulement. « Il perd donques un quartier et demi de velours sur son écu, combien qu'il l'ait mis pour cinquante sols, qui est le même prix qu'il l'a reçu. »

2° Un officier, pourvu de 20 livres de gages touchait en réalité 20 écus d'or, échangeables contre 5 aunes. Il est réduit à 8 écus, soit 2 aunes.

3° Un bourgeois rentier de 36 livres touchait ses 36 francs d'or, valant 9 muids de vin. Il touche 12 francs, qui valent trois muids (1).

Malestroict a bien vu l'un des côtés de la question : à savoir que la baisse de la valeur de la livre (ou, comme il s'exprime, la hausse du prix de l'écu) ruine les classes rentées. Il ne lui manque que de s'énoncer plus clairement. Lorsqu'il écrit (*Paradoxe deuxième*) « qu'il y a beaucoup à perdre sur un écu ou autre monnaie d'or ou d'argent, encore qu'on la mette pour même prix qu'on la reçoit », il veut dire en réalité que l'écu-monnaie doit être considéré comme un poids stable d'or ; le sol, au contraire, comme une fraction constamment variable.

Ses formules : « qu'il y a beaucoup à perdre sur un écu... Il perd donc un quartier et demi de velours sur son écu... Il perd donc sur 8 écus 3 aunes... Il perd donc 6 muids de vin sur ses douze francs... », sont maladroites. On pourrait croire, à les lire, que les prix considérés sont bien, en 1566, comme au quatorzième siècle, un écu, 8 écus, 12 francs. En

______

(1) Ce que l'on ne voit pas, c'est pourquoi les livres de rentes se payent en francs, qui ont perdu les deux tiers, tandis que les gages se payent en écus, dont la dépréciation est des deux cinquièmes.

réalité, c'est 50 sols, 20 livres, 36 livres. Ce qui a changé, ce n'est pas le prix de l'écu (prix exprimé en aunes de velours ou muids de vin), mais celui du sol et de la livre. Le sol qui valait 1/20ᵉ d'écu, n'est plus que 1/50ᵉ. Malestroict aurait donc dû écrire, plus correctement : « Il perd tant d'aunes sur ses 50 sols, sur ses 20 livres, tant de muids sur ses trente-six livres ».

Le tort du gentilhomme, du bourgeois, de l'officier, ce n'est pas « de mettre l'écu » — de l'inscrire à son budget — « pour le même prix qu'il le reçoit ». Mais son malheur, c'est d'avoir hérité d'un contrat où sa rente est stipulée en livres et sols, pure « image de compte », et non en écus, espèces réelles, sonnantes et trébuchantes (1).

Mais Malestroict n'a pas poussé jusqu'au bout son analyse. Il n'a vu qu'un côté du phénomène. Si les classes rentées, sous le même chiffre nominal, tou-

---

(1) « Si celuy, dit avec raison Malestroict, qui tient l'opinion contraire à ce Paradoxe vouloit répliquer, et dire qu'il ne se soucie poinct combien vault l'escu, la livre ou le sol, et qu'ayant 100 £ de rente ou de gaiges, ce luy est tout un en quelles espèces d'or ou d'argent on le paye, ni pour quel pris on les luy baille, pourveu qu'il ayt tousjours sa somme de 100 £, et qu'il mette sesd. espèces pour le mesme pris qu'il les reçoit [qu'il les porte en compte, en livres, sols et deniers, d'après la même échelle monétaire, la même *taille*, que celui qui les a payés] ; faudroit par ce mesme moyen qu'il se vantast d'avoir pour le jourdhuy autant de marchandises pour deux sols ou douzains nouveaux, qui sont quasy tous de cuivre, que l'on en avoit le temps passé pour deux desd. vielz sols ou gros tournois, qui estoyent tous d'argent fin, et autant à présent pour un escu, que l'on en avoit lors pour deux et demy [puisque l'écu a passé de 20 à 50 sols]... ce seroit à dire que toutes choses seroyent maintenant à meilleur marché qu'elles n'estoyent d'ancienneté, d'autant que pour l'achapt d'icelles l'on bailleroit maintenant moins d'or et d'argent qu'on n'en bailloit alors. »

chent moins qu'autrefois, il est de toute nécessité
que les classes qui fournissent la rente payent beaucoup moins. Ce qui ne saurait expliquer une « pauvreté générale ». A l'appauvrissement des uns devrait
correspondre l'enrichissement des autres.

Il ne sert de rien que Malestroict accuse le populaire d'avoir toujours, en dépit des ordonnances,
poussé au « surhaussement » des monnaies, « les pre-
nant et allouant à plus haut prix que le prince ne les
a avalées (1). » Il ne sert même de rien qu'il nous
donne un assez joli résumé des conséquences pro-
duites par la modification du rapport entre la monnaie de compte et la monnaie de change, modification qu'il confond d'ailleurs avec celle du rapport
entre les divers métaux monétaires : « Le roi et ses
sujets achètent maintenant toutes choses aussi cher
que l'on faisait le temps passé, parce qu'il faut
bailler aussi grande quantité d'or et d'argent (sous
forme d'écus) que l'on faisait alors. Mais au moyen
du surhaussement des monnaies d'or, dont provient
par nécessité l'empirement et affaiblissement de
celles d'argent [en réalité, l'affaiblissement de la
monnaie de compte, fraction du marc d'argent ;
mais la valeur des monnaies *réelles* d'argent n'a pu
changer que si le rapport du marc d'argent au marc

(1) « En quoi l'opinion du vulgaire a toujours esté maistresse.
Car quelque résistance que les Roys ayent sceu faire, ilz ont finalement esté vaincus et contrainctz de suyvre en cela la volonté désordonnée du peuple et de haulser l'escu de jour en jour. Tellement
que de vingt solz qu'il valoit le temps du roy Philippes de Valoys,
a monté de regne en regne et degré en degré, à xxv, xxx, xxxv, xl,
xlv et jusques à cinquante solz... Ce qui a apporté une perte ines-
timable et dommage irreparable, tant aux Roys qu'à leurs sub-
jectz... »

d'or a aussi changé, ce qu'il n'a point démontré],
le Roy ne reçoit en payement de ses droits doma-
niaux et autres aussi grande quantité d'or et d'argent fin que ses prédécesseurs. Pareillement les seigneurs et autres sujets de Sa Majesté qui ont rentes,
cens, gages, états et appointements n'en reçoivent
aussi grande quantité d'or et d'argent fin qu'ils
recevoient le temps passé, mais sont, comme le Roi,
payés en cuivre au lieu d'or et d'argent. Pour lequel
cuivre... l'on ne peut recouvrer autant de marchandises que l'on feroit pour semblable quantité d'or
et d'argent fin : ainsi la perte que l'on cuide avoir
par l'enchérissement de toutes choses ne vient pas
de plus bailler, mais de moins recevoir, en quantité
d'or et d'argent fin, que l'on avoit accoutumé. En
quoi nous voyons clairement que tant plus nous
haussons le prix des monnaies, tant plus nous y
perdons : car de là vient le grand enchérissement qui
est maintenant de toutes choses... »

Si nous admettions son hypothèse de la stabilité
réelle, en or-poids ou en argent fin, du prix de toutes
les denrées et d'un renchérissement purement nominal, il s'ensuivrait que les classes qui produisent
et vendent les denrées n'auraient pas vu modifier
leur situation depuis trois cents ans, puisqu'elles
reçoivent toujours le même poids d'or, avec lequel
elles peuvent toujours acheter la même quantité de
choses ; tandis qu'à côté d'elles les classes dont les
revenus s'expriment, non en poids fixes d'or, mais
en fractions variables du marc d'argent, auraient
vu leur situation empirer constamment. Il y aurait
donc en présence l'un de l'autre un groupe qui se
serait appauvri, et un groupe qui ne se serait pas

enrichi. Où serait passée la différence ? C'est une question que Malestroict ne s'est pas posée.

III. — LA RÉPONSE DE JEAN BODIN.

Jean Bodin a saisi admirablement les côtés faibles de l'argumentation de Malestroict. Il relève à la fois les erreurs de fait et les erreurs de raisonnement. Il a, sur le rôle réel de la monnaie, sur le mécanisme des échanges internationaux, sur le pouvoir d'achat des métaux précieux, des idées aussi nettes qu'un économiste moderne. Son petit opuscule, si l'on en retranche quelques fleurs de mythologie, et quelque abus de l'antiquité, n'a pas vieilli. C'est assurément l'un des ouvrages les plus remarquables du seizième siècle.

Dans sa dédicace au président de Morsan, il montre la gravité du problème. Il signale « les plaintes ordinaires qu'on fait de l'enchérissement de toutes choses, les assemblées qu'on a faites par tous les quartiers de cette ville pour y donner ordre », — nouveau détail qui nous est ainsi révélé — « la peine qu'on a prise de savoir d'où procédait telle cherté ; à laquelle MM. du Ménil et du Faur, avocats du Roi,... se sont efforcés de remédier ». Il signale le « petit livret » où de Malestroict « soutient, contre l'opinion de tout le monde, que rien n'est enchéri depuis trois cents ans, ce qu'il a fait croire à plusieurs ». C'est de ce « livret » qu'il va entreprendre la réfutation en règle.

Sa critique n'est pas seulement économique. Elle est d'abord une critique historique, critique de fait.

Il invite M. de Malestroict « à feuilleter les registres de sa chambre », à lire les tarifs insérés dans les coutumes d'Anjou, d'Auvergne, de Bourbonnais, de Champagne, à rechercher dans les « aveux » les anciens prix des terres.

En s'appuyant sur ces documents, il oppose à Malestroict la série d'arguments que voici :

En premier lieu, Malestroict a mal choisi ses objets de comparaison, et en particulier l'aune de velours. Il aurait d'abord fallu prouver que le velours était d'un usage courant du temps de Philippe de Valois. « Et quand je lui accorderais l'exemple du velours, ce n'est pas la raison de tirer en conséquence de toutes choses le prix du velours », car cette marchandise était alors très rare, et par conséquent très chère. « Maintenant que Tours, Lyon, Avignon, Toulouse et autres villes de ce royaume sont pleines de telles marchandises,... l'aune du meilleur velours ne devrait pas coûter plus d'un écu à la raison qu'il faisait lors ». Donc la stabilité du prix du velours évalué en or ne prouverait nullement la stabilité générale des prix, bien au contraire : marchandise de luxe, il y a trois cents ans, le velours est devenu marchandise presque commune. Si le prix en est resté stationnaire, c'est qu'en réalité presque tous les prix ont haussé. Il y a là une critique, extrêmement pénétrante, qui ne vise pas seulement le cas de Malestroict, mais qui porte en plein contre plus d'une tentative faite depuis lors pour comparer des prix entre eux. Bodin montre qu'il ne suffit pas d'évaluer, à deux moments donnés, la valeur intrinsèque d'une marchandise ; il faut faire intervenir une notion nouvelle, celle de sa *valeur sociale*.

Pour les denrées agricoles, Bodin s'inscrit en faux contre les prix de Malestroict. Celui-ci prétendait que la hausse apparente des prix n'avait été, en trois siècles, que de 1 à 3. « Quant aux vins et blés, répond Bodin en s'appuyant sur des textes, il est tout certain qu'ils coûtent plus cher *vingt* fois qu'ils ne faisaient il y a cent ans. » — Ce multiple « vingt » est peut-être une exagération littéraire. Mais le cadastre de Toulouse prouve que le prix du setier de blé a quadruplé, passant de 5 à 20 sols. Un muid de blé de rente valait en 1524 120 livres (1), et 144 en 1530. Laissons de côté l'année 1565 où, en raison de la disette, le muid de blé coûtait en mai 260 livres d'achat (et non de rente), mais constatons que « le meilleur blé en pur achat coûte de prix ordinaire six vingts livres, qui est autant qu'il coûtait de rente il y a quarante ans ». — Si les données de Bodin sont exactes, et s'il s'agit de rentes au denier vingt, on s'explique qu'il ait pu écrire que le prix nominal a vingtuplé. Même en tenant compte de la baisse de la monnaie de compte, la rente d'un muid équivalait en 1520 à un revenu de 50 écus, en 1560 à un revenu de 100.

A côté de cette erreur sur la monnaie de compte, Malestroict en a commis d'autres sur le titre des espèces réelles. Il se « méprend quasi de la moitié quant à la proportion des sols anciens et des nôtres ». Il néglige l'affaiblissement de la monnaie sous Philippe le Bel et pendant la guerre de Cent ans, et la consultation du « livre noir » du Châtelet lui eût

____

(1) C'est-à-dire qu'une rente d'un muid de blé se vendait 120£.

appris que 5 sols de 1422 ne valent pas plus d'un sol de Henri II.

Le prix des terres, exprimé en poids d'or, a considérablement haussé. « L'arpent de la meilleure terre labourable au plat pays, qui ne coûtait anciennement que dix ou douze écus, la vigne trente, aujourd'hui se vend le double, voire le triple d'écus pesant un dixième moins qu'ils pesaient il y a trois cents ans. » Le très léger affaiblissement de la monnaie ne saurait donc expliquer l'élévation des prix, et laisse subsister cette conclusion : « J'ai montré ci-devant que le prix des choses, taxé par les coutumes de ce royaume accordées et homologuées depuis cinquante, les autres depuis soixante ans — était dix fois moindre qu'il n'est à présent ».

Le fait de la « cherté » est donc indéniable. Malestroict, qui considérait ce fait comme inexistant, n'avait pas à en rechercher les causes. Cette recherche s'impose à Bodin, et il va déployer à cette occasion toutes les ressources de son esprit d'analyse. Si connu que soit ce passage, il nous paraît indispensable de le reproduire.

« La cherté..., dit-il, vient quasi pour quatre ou cinq causes », et les voici :

1° « *La principale et presque seule (que personne jusques ici n'a touchée)* est l'abondance d'or et d'argent, qui est aujourd'hui en ce royaume plus grande qu'elle n'a été il y a quatre cents ans (je ne passe point plus outre : aussi les registres de la Cour et de la Chambre ne passent point quatre cents ans ; le surplus, il le faut cueillir des vieilles histoires avec peu d'assurance) ». — C'est en effet la première fois qu'on établissait ainsi un rapport entre l'accroissement du stock métallique et la hausse des prix ;

2º La cherté « vient en partie des monopoles » ;

3º « La disette qui est causée tant par la traite que par le dégât » ;

4º « Le plaisir des rois et grands seigneurs qui hausse le prix des choses qu'ils aiment » ;

5º Enfin, la seule cause admise par Malestroict, « le prix des monnaies, ravalé de son ancienne estimation ».

Que les métaux soient plus abondants que jamais, l'histoire est là pour le prouver. Il y a trois siècles, Jean le Bon ne put trouver 60.000 francs à crédit pour sa rançon. Or Charles IX a trouvé, rien qu'à Paris, plus de 3.400.000 livres. « Que M. de Malestroict feuillette les registres de sa Chambre, il sera d'accord avec moi qu'on a trouvé plus d'or et d'argent en France pour la nécessité du roi et de la république depuis l'an 1565 jusques à l'an 1568 qu'on n'avait pu trouver auparavant en deux cents ans. »

Mais d'où est venu cet or ? En premier lieu, du Nouveau-Monde : « Il est incroyable et toutefois véritable qu'il est venu du Pérou depuis l'an 1533... plus de cent millions d'or et deux fois autant d'argent. » Et Bodin montre en vertu de quel mécanisme ces métaux viennent chez nous : « Or est-il que l'Espagnol qui ne tient vie que de France, étant contraint par force inévitable de prendre ici les blés, les toiles, les draps, le pastel..., le papier, des livres, voire la menuiserie et tous les ouvrages de main, nous va chercher au bout du monde l'or et l'argent et les épiceries. » Et ce n'est pas seulement l'or espagnol qui vient payer les produits de l'agriculture et de l'industrie françaises : « ... L'Anglais, l'Écossais, et tout le peuple de Norvège, Suède, Danemark et de la côte Baltique, qui ont une infinité de minières, vont fouir les métaux au centre de la terre pour acheter nos vins, nos safrans, nos pruneaux, notre pastel et surtout notre sel », cet excellent sel de marais dont les peuples du Nord ont besoin pour leurs salaisons de poissons.

Or cette attraction exercée par la France sur l'argent étranger, elle ne date que du temps où la France, jusqu'alors nation purement agricole, ne produisant que pour sa propre consommation, a commencé à devenir industrielle et exportatrice. « Le marchand et l'artisan, qui font venir l'or et l'argent, cessaient [c'est-à-dire ne travaillaient pas] alors ; car le Français ayant un pays des plus fertiles du monde, s'adonnait à labourer la terre et nourrir son bétail. » En ce temps-là, « la trafique du Levant n'avait point cours, pour la crainte des Barbares qui tiennent la côte d'Afrique... Et quant à la trafique du Ponant, elle était du tout inconnue, devant que l'Espagnol eût fait voile en la mer des Indes... L'Anglais, qui tenait les ports de Guyenne et de Normandie, nous avait clos les avenues d'Espagne et des îles. »

Mais tout a changé depuis la Renaissance. Le trafic du Levant s'est développé surtout grâce à l'alliance avec le Turc, celui du Maroc grâce à l'établissement des Juifs d'Espagne en Languedoc (1).

La création de la banque de Lyon a également attiré des quantités considérables de numéraire ;

______

(1) Ce texte a échappé aux savantes recherches de M. P. MASSON, *Hist. des établ. et du commerce franç. dans l'Afrique barbaresque.*

comme le roi y a fait des emprunts à 8, 10, 16 et même 20 p. 100, « les Florentins, Lucquois, Genevois, Suisses, Allemands, affriandés de la grandeur du profit, apportèrent une infinité d'or et d'argent en France, et plusieurs s'y habituèrent ». La constitution de rentes sur la ville de Paris a eu des résultats analogues (1).

A côté de cette immigration des capitaux et quelquefois même des capitalistes étrangers, il faut noter l'émigration des Français à l'étranger. Depuis la fin de la guerre des Armagnacs, la France se surpeuple : « Un peuple infini est multiplié dans ce royaume... Depuis cent ans, on a défriché un pays infini de forêts et de landes, bâti plusieurs villages, peuplé les villes. » Cette surabondance d'hommes a créé un mouvement intense d'émigration, « tellement que le plus grand bien d'Espagne, qui d'ailleurs est déserte, vient des *colonies françaises*, qui vont à la file en Espagne, et principalement d'Auvergne et du Limousin ; si bien qu'en Navarre et Aragon presque tous les vignerons, laboureurs, charpentiers, maçons, menuisiers, tailleurs de pierres, tourneurs, charrons, voituriers, charretiers, cordiers, carriers, selliers, bourreliers, sont Français ». A Valence, en particulier, la *colonie* compte dix mille Français, « serviteurs et artisans ».

(1) Ce commerce de l'argent ne va pas d'ailleurs sans inconvénients : « vrai est que les arts mécaniques et la marchandise auroit bien plus grand cours à mon advis sans estre diminuée par le trafique d'argent qu'on fait : et la ville seroit beaucoup plus riche, si on faisoit comme à Gênes, où la maison saint George prend l'argent de tous ceux qui en veulent apporter au denier vingt et la baille aux marchands pour trafiquer au denier douze ou quinze ».

Or ces pays sont des pays de hauts salaires. Comme
l'or et l'argent sont beaucoup plus répandus encore
en Espagne et en Italie qu'en France, le prix de
toutes choses y est aussi plus élevé « et plus en Espagne qu'en Italie, et même le service et les œuvres
de main, ce qui attire nos Auvergnats et Limousins
en Espagne, comme j'ai su d'eux-mêmes, parce
qu'ils gagnent au triple de ce qu'ils font en France ».
Mais il s'agit là d'une émigration temporaire. Sobres
et travailleurs, nos maçons limousins, nos vignerons
et nos artisans auvergnats reviennent tous les ans
d'Espagne au pays, les bouges pleines. Ils échangent
leurs ducats contre un bout de pré, un coin de champ,
une vache. Ils contribuent ainsi à augmenter notre
circulation métallique, et par suite à relever les
prix.

A côté de cette cause essentielle : surabondance
des métaux précieux, Bodin analyse quelques causes
secondes de la cherté. L'examen de ces causes nous
fait pénétrer plus intimement dans la constitution
économique du siècle, et en même temps fournit à
Bodin l'occasion de nous faire connaître ses théories.

2° L'opinion courante devait attribuer le relèvement des prix à la concentration des monopoles
industriels, car Bodin tient à déclarer qu'il n'attache
pas à cette cause une importance capitale : « Je
passerai l'autre occasion de cherté, parce qu'elle
n'est pas si considérable au cas qui s'offre, c'est à
savoir les monopoles des marchands, artisans et
gagne-deniers : lorsqu'ils s'assemblent pour asseoir
le prix des marchandises ou pour enchérir leurs journées et ouvrages ; et, parce que telles assemblées
se couvrent ordinairement du voile de la religion,

le chancelier Poyet avait sagement avisé qu’on devoit ôter et retrancher les confréries, ce qui a été depuis confirmé à la requête des États à Orléans ; tellement qu’il n’y a point faute de bonnes lois », mais elles ne sont point exécutées. — Nous savons, en effet, que les ordonnances sur les confréries étaient restées lettre morte.

3º « La disette », c’est-à-dire la raréfaction de certaines marchandises, raréfaction imputable, d’une part, à la « traite », de l’autre, au « dégât ».

Ce que Bodin appelle le « dégât », c’est le gaspillage, l’emploi en pure perte de certaines marchandises de luxe. Nous ne songeons guère, en admirant dans l’œuvre des artistes certaines modes de la Renaissance, que ces modes entraînaient une énorme consommation de matière première. Le sévère publiciste est très préoccupé de ce que coûtent les crevés et les bouffants. La soie, très abondante depuis le développement de l’industrie lyonnaise et tourangelle, devrait être à bon marché ; mais « on ne se contente pas d’en accoutrer les bélîtres et laquais, ainsi aussi on la découpe de telle sorte qu’elle ne peut durer ni servir qu’à un maître... » Cette question des mises-bas rendues inutilisables, Bodin y revient à propos du drap : « Pour les chausses... l’on emploie le triple de ce qu’il en faut, avec tant de balafres et déchiquetures, que les pauvres gens ne s’en peuvent servir après que Monsieur en est dégoûté... » Et qu’on ne compte pas, pour restreindre ce « dégât », sur les lois somptuaires : il faudrait prêcher d’exemple : « On en a fait de beaux édits, mais ils ne servent de rien ; car, puisqu’on porte à la cour ce qui est défendu, on en portera partout... »

Deux autres motifs de raréfaction, et par conséquent de cherté, sont « la traite trop grande qui se
fait hors le royaume, ou… l'empêchement d'y apporter les choses nécessaires », en d'autres termes un
régime douanier qui favorise à l'excès les exportations, particulièrement des denrées agricoles, et qui
restreint les importations, parfois jusqu'à les pro-
hiber. L'action de ces causes est indéniable : « Il est
certain que nous avons les vins et blés à meilleur
compte pendant la guerre avec l'Espagnol et Flamand qu'après la guerre, lorsque la traite est per-
mise. Car les fermiers en partie [les sociétés qui ont
affermé la traite d'une province] sont contraints de
faire argent [pour rentrer dans leurs débours]… Or
est-il certain que le blé n'est pas sitôt en grain que
l'Espagnol ne l'emporte… D'autre part, le pays de
Languedoc et Provence en fournit presque la Tos-
cane et la Barbarie, cela cause l'abondance d'argent
et la cherté des blés », car nos clients, ne pouvant
guère nous payer en marchandises, nous fournissent
la contrepartie en espèces : « Nous ne tirons quasi
autres marchandises de l'Espagne que les huiles et
les épiceries… De l'Italie nous avons tous les aluns
et quelques serges et soies… » C'est peu, et Bodin
préférerait évidemment que nos denrées pussent
s'échanger surtout contre des marchandises. Il y a
là une vue économique d'une singulière justesse.

4º Il est inutile d'insister sur les variations de
prix entraînées par les modes de cour. François Ier,
par son goût décidé pour les pierres précieuses, en a
fait hausser le prix ; et les Italiens, pour profiter de
cette vogue, en ont fabriqué de fausses. Henri II
dédaignant les pierres, le prix en baissa immédiate-

ment, etc. Le développement de certains luxes est extraordinaire : on trouvera, « en revoyant les procès des financiers [sous François Ier], que l'un d'entre eux envoyait de Paris jusques en Flandre douze bottes de chemises à blanchir à un teston pour pièce ».

Après les maux, les remèdes.

Il va de soi qu'on ne peut rien contre l'abondance des métaux. Contre « les monopoles, les excès de vivres et vêtements..., pour néant on fait de belles ordonnances... si on ne les veut exécuter ».

Passons à la traite. Bodin est disposé à la réduire dans de certaines limites, surtout pour le blé. Que dans chaque ville l'on installe un grenier public afin d'éviter la disette. Ces provisions une fois constituées, que l'on frappe plus fortement à la sortie le blé, le vin, le sel, le pastel, les toiles, marchandises dont l'étranger ne peut se passer. N'a-t-on pas vu, grâce au bon marché du fret maritime, notre sel de marais se vendre à plus bas prix en Angleterre, Écosse et Flandre qu'en France même, sauf en Guyenne (1) ?

Tandis que l'Angleterre et la Pologne prohibent la sortie de leurs peaux et de leurs laines.

Mais c'est la seule concession que Bodin soit disposé à faire aux adversaires du commerce extérieur. « Il semble à les ouïr que le marchand donne son bien pour néant ; ou que les richesses des Indes et de l'Arabie heureuse croissent en nos landes. » En réalité entrées et sorties se balancent, et toutes deux sont nécessaires. « Plusieurs grands personnages... s'ef-

____

(1) Entendez sans doute cette expression dans le sens large de : pays baignés par l'Océan.

forcent et sont efforcés par dits et par écrits de la
[la traite des marchandises qui sortent de ce royaume]
retrancher du tout..., croyant que nous pouvons
vivre heureusement et à grand marché sans rien
bailler ni recevoir de l'étranger. » C'est la théorie
du « marché intérieur », diraient aujourd'hui ses
partisans ; de la « muraille de Chine », répondraient
ses adversaires.

Bodin estime que les premiers« s'abusent... car
nous avons affaire des étrangers, et ne saurions
nous en passer ». Nous leur envoyons des produits
de notre cru, aussi en « avons-nous d'eux en contre-
échange ». Et il dresse un curieux tableau de nos
exportations et de nos importations (1).

Sur cette question du commerce international, les
idées de Bodin sont singulièrement en avance sur
son temps. Persuadé qu'il existe une division géographique du travail, c'est dans l'inégale aptitude
productrice des diverses nations qu'il place l'origine
de leur commerce, et de leurs nécessaires relations
commerciales il voit déjà sortir le libre échange et
la paix :

« Dieu... a tellement départi ses grâces, qu'il n'y a
pays au monde si plantureux qui n'ait faute de beaucoup de choses. Ce que Dieu semble avoir fait pour
entretenir tous les sujets de sa république en amitié,

---

(1) *Exportation :* blé, vin, pastel. sel, safran, pruneaux, papiers,
draps, grosses toiles. — *Importation :* huiles, cire, miel, poix, *brésil*,
ébène, *fustel*, gaïac, ivoire, maroquins, toiles fines, cochenille,
écarlates, cramoisi (kermès), épiceries, sucres, chevaux, salaisons ;
tous les métaux, hormis le fer, c'est-à-dire : or, argent, étain,
cuivre, plomb, acier, vif-argent, alun, soufre, vitriol, couperose,
cinabre.

ou pour le moins empêcher qu'ils ne se fassent long-temps la guerre, ayant toujours affaire les uns des autres. »

Au lieu d'interdire le commerce avec l'étranger ne vaut-il pas mieux développer notre industrie ? La France ne tire pas suffisamment parti de ses richesses. Bodin trace déjà un vaste programme d'économie nationale dont Henri IV s'efforcera de réaliser certaines parties. Il est intéressant d'en re-produire l'essentiel. C'est un exposé des ressources économiques du pays :

« ... Le bas pays de Languedoc et de Provence a plus d'huiles qu'il n'en faut pour nos provisions. Et quant aux serges et soies, il s'en fait bien d'aussi bonnes en ce royaume qu'en Florence et à Gênes, au jugement des maîtres, et les marchands en savent bien faire leur profit... Quant aux aluns, si nous voulions couper les veines du mont Pyrénée, il est certain que nous y trouverions des sources non seulement d'alun, ains aussi d'or et d'argent, vu que plusieurs Allemands en ont fait bon rapport ; et maître Dominique Bertin m'a montré sur les lieux, et en a fait la preuve (1) au roi Henri de tous les métaux, avec une infinité de couperose, d'aluns et de marcassite. Entre autres choses, il s'est trouvé qu'il y a plus d'alun qu'il n'en faut pour toute la France, jaçoit qu'il en vient d'Italie pour plus d'un million tous les ans, comme il a vérifié. C'est à lui à qui nous devons les beaux marbres, noirs, blancs, madrés (2), jaspes, serpentines, qu'il a envoyés des

(1) C'est-à-dire l'épreuve.
(2) Nacrés (?), imitant la *madre di perla* (?). M. FRANKLIN (*Dictionn.*

monts Pyrénées jusques à Paris, et m'assure que, s'il avait le crédit, nous n'aurions plus que faire des aluns d'Italie. En quoi faisant, l'Italien n'aurait plus que des affiquets, des fausses pierres et des parfums pour tirer l'argent de ce royaume. C'est le seul moyen qu'ils ont trouvé, n'ayant plus que troquer avec nos marchandises, de nous vendre des fumées, qui sont si chères, qu'il y a tel parfumeur italien qui a vendu à un seigneur de ce royaume... pour quatre cents écus de gants, et n'en avait que pour sa provision d'un an. »

Reste la cinquième cause, dont nous n'avons rien dit. Ici le remède est simple : arrêter la dépréciation des monnaies et maintenir entre les deux métaux le rapport de 12 à 1.

Les idées de Bodin ont-elles été comprises de son temps ? C'est ce qui nous reste à voir.

IV. — Le « Discours sur l'extrême cherté ».

A lire le *Discours sur l'extrême cherté*, on pourrait croire que le succès de Bodin fut immédiat et général.

Ce discours parut en 1574, deux ans avant la réunion des États généraux : Cimber et Danjou qui l'ont reproduit *(Arch. cur.*, t. VI, p. 423-459) disent qu'il « doit être en partie attribué à Bodin ». Ils donnent de cette quasi-attribution la raison suivante : « On y trouve du moins des passages entiers empruntés au *Discours et réponse aux paradoxes de Malestroict* ».

des *Arts et Mét.*) dit : « *Madre* = pierre précieuse transparente et veinée, jaspe, calcédoine, onyx ou agate. »

Mais la conclusion de Cimber et Danjou dépasse singulièrement leurs prémisses. De ce que le *Discours* est l'œuvre d'un disciple de Bodin et d'un disciple qui, suivant les habitudes courantes au seizième siècle, ressemble parfois à un plagiaire, il ne s'ensuit nullement que Bodin en soit, même partiellement, l'auteur. La fin de l'opuscule prouve très clairement le contraire : car l'anonyme déclare qu'il écrit cinq ans après Bodin, ce qui est à peu de chose près exact, et qu'il résume à la fois le traité de Bodin et une remontrance de la chambre des comptes. — Il s'agit sans aucun doute des *Remonstrances faites... par M. de Bailly...* (1), qui remontaient à 1566 (2), mais qui venaient d'être imprimées en 1573. L'anonyme leur a emprunté surtout des considérations sur la cherté du blé.

Ce *Discours* a été attribué par du Verdier à l'historiographe du Haillan. Il doit être du même auteur que le *Traitté des finances* de 1580 (Cimber, t. IX, p. 381-385).

Le grand intérêt que présente pour nous le *Discours* de 1574, c'est qu'il semble avoir exercé une influence sur l'ordonnance de 1577. La faiblesse de l'auteur, c'est qu'il ne paraît pas tenir compte des variations de la valeur de la livre. Il compare généralement les prix usités de son temps avec ceux du commencement du siècle, mais sans rappeler que la livre tournois valait vers 1500 environ 22 grammes d'argent, et seulement moins de 13 grammes vers

(1) Paris, L'HUILLIER, 1573 (B. N., LF $^{27}/_{28}$).
(2) Sur l'exemplaire ci-dessus, note ms. du seizième siècle : « le 10 may 1566 ».

1580 ; elle n'a donc plus environ que les 4/7 de son ancienne valeur.

C'est donc sous réserve de cette observation qu'il faut lire la phrase suivante :

« Depuis soixante-dix ou quatre-vingts ans, les unes [denrées] sont enchéries de dix fois et les autres de quatre, cinq et six fois autant que lors elles se vendaient, ce qui est bien aisé à prouver et vérifier en toutes, soit en vente de terres, maisons, fiefs, vignes, bois, prés ou en chairs, laine, draps, fruits et autres denrées nécessaires à la vie de l'homme. »

En ce qui concerne les causes de cet enchérissement, l'auteur copie Bodin de très près. Il lui prend ses « quatre ou cinq causes » ; il y ajoute seulement quelques causes contingentes, comme les impôts excessifs, les guerres civiles, la stérilité de cinq ou six années consécutives. Il reproduit presque toujours les arguments de son prédécesseur, en se contentant de leur imprimer un cachet plus littéraire.

On en jugera par quelques citations : il n'y a, dit-il, que cent vingt ans que la France a sa grandeur. C'est seulement depuis peu qu'elle a des frontières maritimes (1) : « Lors donc il n'y avait nul trafic sur la mer qui nous apportât en ce royaume l'or ni l'argent des pays étrangers, ains étaient les Français contraints de manger leurs vivres et d'user entre eux de la première coutume des hommes, qui était de permuter avec leurs voisins à ce qu'ils n'avaient point ce qu'ils avaient, comme de donner du blé et prendre du vin ». Cette idée très exagérée du rôle du troc, de l'*économie-nature* dans la France du moyen

____

(1) « L'Anglois nous tenoit toutes les advenues de la mer. »

âge, l'auteur y tient au point d'y revenir à plusieurs reprises : « Donc nous ne trafiquions..., sinon entre nous ; mais c'était seulement de marchandise à marchandise, comme de blé à vin et de vin à blé... ; car d'or et d'argent il ne s'en parloit point, vu que nous n'avons mine ni de l'un ni de l'autre, que bien peu d'argent en Auvergne, qui coûte plus à affiner qu'il ne vaut ».

En ce temps-là «les Indes n'étaient encore connues et l'Espagnol ne les avait encore découvertes... Quant au Levant, les Barbares... tenaient tellement la mer Méditerranée en subjection... Nous n'avions aucune intelligence avec le Turc... »

Mais depuis, l'Anglais chassé, de nouvelles provinces réunies, les relations commerciales établies avec l'Italie, l'Angleterre, l'Écosse, la Flandre et le Septentrion, l'amitié nouée avec le Grand Seigneur, ont élargi notre champ d'action. Et l'anonyme va décrire après Bodin les résultats des grandes découvertes : il se contentera de remplacer les phrases sévères de l'économiste par une amplification oratoire, suivie de détails pittoresques :

« Le Portugais et Espagnol, qui ne peuvent vivre *sans nous venir mendier le pain* (1), sont allés rechercher le *Pérou, le goulfe de Perse, Indes, l'Amérique et autres terres* (2), et là ont fouillé les entrailles de la terre pour en tirer l'or, et nous l'apporter tous les ans en beaux lingots, en portugaises, en doubles ducats, en pistoles et autres espèces pour avoir nos blés, toiles, draps, pastels, papier et autres marchan-

---

(1) BODIN : « qui ne tient vie que de France ».

(2) BODIN : « nous va chercher au bout du monde l'or et l'argent et les épiceries ».

dises. L'Anglais, pour avoir nos vins, nos pastels et notre sel, nous porte ses beaux nobles à la rose et à la nau et ses angelots ; l'Allemand nous porte l'or de quoi nous faisons nos beaux écus ; et toutes autres nations de l'Europe nous apportent or et argent pour avoir les commodités que notre ciel et notre terre nous apportent et qu'ils n'ont pas... »

Même procédé littéraire appliqué au passage de Bodin sur la multiplication du peuple, les défriche-ments, la création des nouveaux villages, la crois-sance des villes. Il copie ce que Bodin disait de la Banque de Lyon, des rentes de l'hôtel de ville. Sur les développements du luxe, il va naturellement ajouter des détails, dont quelques-uns sont assez piquants :

On se contentait jadis, à un dîner ordinaire, de trois services, bouilli, rôti et fruit (1), mais aujour-d'hui « il faut d'une viande en avoir cinq ou six façons, avec tant de sauces, de hachis, de pâtisse-ries, de toutes sortes de salmigondis... ». On va ban-queter chez les traiteurs à la mode, le More, Samson, Innocent, Havard, « ministres de voluptés et de dé-penses ».

Il note que l'usage « ou plutôt l'abus » du vin « est plus commun en ce royaume qu'en nul autre ». En Allemagne, les enfants, serviteurs et chambrières n'en boivent point. Les Flamands, Anglais, Écos-sais se contentent de bière. « Le Turc s'est entière-ment privé de l'usage du vin... Ils sont grands, puissants, martiaux et exempts de plusieurs mala-

____

(1) Autrefois un festin ne comportait que « cinq ou six sortes de viandes, une de chacune espèce, et cuittes en leur naturel ».

dies causées par le fréquent usage du vin. Au contraire qu'en France nous voyons que le vin est commun à tous, aux enfants, filles, serviteurs, chambrières, charretiers et tous autres. » Comme Symphorien Champier le faisait déjà en 1529, il accuse ce développement de « l'alcoolisme » d'avoir eu pour conséquence la réduction des emblavures au profit des vignes.

Il précise également les quelques détails donnés par Bodin sur le luxe des constructions, prétexte à nous fournir une assez heureuse description du nouveau style architectural. Mais a-t-il bien pénétré la théorie de Bodin lorsqu'il avance qu'une des causes de la cherté est l'immobilisation d'une quantité abondante de métaux précieux sous forme « de vaisselle d'or et d'argent et des chaînes, bagues et joyaux, draps de soie et bordures avec les passements d'or et d'argent », dorure appliquée au bois, au cuivre, à l'argent ? Ces emplois auraient dû amener, comme il le dit, « le haussement du prix de l'or et de l'argent », c'est-à-dire (ce qu'il n'aperçoit point) retarder au lieu d'accélérer la hausse des prix.

Il attache, avec le président de Bailly, plus d'importance que ne faisait Bodin aux monopoles et accaparements, enarrhements de blés en vert et spéculations sur les grains. Les traites sont une part de ces spéculations, qui ne profitent qu'à des favoris de cour.

Sur le rôle du commerce extérieur, l'anonyme copie Bodin avec une fidélité exemplaire. De même sur les communautés et confréries. Il donne divers exemples du renchérissement de toutes choses, et conclut avec beaucoup de netteté, en affirmant

« l'abondance de l'or et de l'argent, qui est en ce
royaume plus grande qu'elle ne fut jamais, de quoi
plusieurs s'ébahiront, vu l'extrême pauvreté qui est
au peuple ; mais en cela il faut dire le vieil proverbe :
*c'est qu'il y a plus d'or et plus d'argent qu'il n'y eut
jamais, mais c'est qu'il est mal parti (réparti)* ».

V. — François Garrault et l'Édit sur

LES MONNAIES.

Le *Discours sur l'extrême cherté* ne faisait donc, en
somme, que reproduire, sans toujours les comprendre,
l'argumentation et la conclusion de Bodin.

Évidemment Bodin était en avance sur son temps.
Car, après 1574, nous constatons un véritable recul.
La controverse reprend sur la seule monnaie, comme
si la monnaie était responsable de tout le mal. On
paraît avoir complètement oublié la pénétrante analyse qui avait été donnée du phénomène économique,
pour ne plus voir que l'apparence, les variations de
la livre tournois. Cette préoccupation domine dans
les délibérations de l'assemblée de Saint-Germain,
dans les opuscules de François Garrault, dans l'édit
de 1577.

La question posée à l'assemblée de Saint-Germain
était celle de savoir si l'on continuerait à compter
par sols et livres, ou si l'on compterait par écus. La
livre étant fraction du marc d'argent, c'est, dans
une certaine mesure, presque la question du bimé-
tallisme ou du monométallisme-or. Garrault nous
apprend que si la royauté préférait la monnaie réelle

d'or, la bourgeoisie parisienne restait attachée à la monnaie de compte :

« Combien que de cette assemblée la plus grande partie enclina au compte par sols et livres, toutesfois il fut avisé que les raisons des deux avis seraient envoyées à S. M...... »

Garrault a tenu à nous donner son opinion et, puisque la mode était aux « paradoxes », à nous exposer son *Paradoxe sur le faict des monnoyes*. Ce paradoxe, c'est « que les monnaies n'ont point changé de valeur ».

En apparence, il semble se rapprocher de Malestroict, qui proclamait l'invariabilité des prix. En réalité, il appelle *monnaie* non la monnaie de compte, ni la valeur nominale d'une pièce de monnaie, mais l'instrument d'échange, le marc d'or ou d'argent et leurs fractions. La valeur d'une monnaie, c'est pour lui la quantité de métal fin contenu dans cette monnaie. Sur ce point, la discussion des années précédentes l'amène à une vue positive des choses.

Ce qu'il cherche à analyser, ce sont les variations du rapport *or-argent*. Pour lui ces variations ont été les suivantes :

Sous Louis XI, le rapport est de . .	$11 \frac{17}{20}$ à 1
Sous Charles VIII	$11 \frac{55}{56}$
Sous François Ier	$11 \frac{19}{25}$
En 1532	$13 \frac{1}{6}$
En 1540	$11 \frac{91}{112}$
Sous Henri II	$10 \frac{56}{63}$
En 1568	$11 \frac{47}{63}$
En 1575	$11 \frac{13}{19}$

Voilà la réalité qu'il faut apercevoir sur les variations purement nominales des prix du marc d'or et du marc d'argent :

	MARC D'OR	MARC D'ARGENT
En 1475	118 l. 10 s.	10 l.
Sous Charles VIII . . .	130 l. 3 s. 4 d.	11 l.
Sous François Ier (1515).	147 l.	12 l. 10 s.
En 1540	165 l. 17 s 6 d.	14 l.
Sous Henri II (1549) . .	172 l.	15 l. 15 s.
En 1568	185 l.	15 l. 15 s.
En 1575	222 l.	19 l.

Quant à ces variations nominales, ont-elles une action sur les prix réels ?

Garrault n'hésite pas à l'affirmer : « De l'augmentation et surhaussement du prix des monnaies vient la vilité et bon marché de toutes choses, et de la réduction et rabais d'icelles provient l'enchérissement. »

Voyons, par exemple, ce qui se passe pour une marchandise qui était évaluée 12 livres lorsque l'on taillait 58 sols à l'écu. Le marchand la cédait pour 4 écus 1/3. Maintenant que l'écu vaut 60 sols, s'il demande toujours 12 livres, il ne recevra plus que 4 écus, et par conséquent le prix réel aura baissé. Un muid de vin de 30 livres s'échange contre 10 écus dans le premier cas, contre 7 1/2 dans le second. Mais, à la différence de Malestroict, Garrault semble bien s'être rendu compte que le marchand continue à exiger, en écus de 60 sols, la même quantité de métal qu'il exigeait antérieurement en écus à 58 sols. Il hausse donc ses prix en monnaie de compte, livres, sols et deniers, sans que cette hausse corresponde à une augmentation positive des prix.

On voit combien l'analyse de Garrault est inférieure, comme exactitude et pénétration, à celle de
Bodin. Elle reste dans l'abstraction, elle ne tient pas
compte des réalités. Tout au plus admet-il que cette
baisse du pouvoir nominal de la livre, en légitimant
le rehaussement nominal des prix, favorise « l'ava-
rice des marchands » et peut amener une augmentation positive.

Les variations de la monnaie de compte agissent
d'une façon plus grande encore, parce qu'elles permettent des opérations tout à fait frauduleuses. Les
financiers spéculent sur l'écart qui existe entre le
cours commercial et la valeur légale de l'argent, au
grand « intérêt du Roy, foulle et oppression du simple
peuple et profit des riches et pécuniers, et principalement des officiers et autres qui touchent et reçoivent les deniers du Roi au prix de l'ordonnance,
qu'ils exposent en après pour le double entre le simple
peuple, sous prétexte d'un cours commun, ne payant
par ce moyen la moitié du loyer du pauvre et merce-
naire lequel, au paiement de la taille, baille lesdites
espèces pour la moitié moins de ce qu'elles lui ont
coûté ».

La cherté est donc pour lui comme pour Malestroict un phénomène imaginaire ou du moins restreint
à un certain nombre de classes et d'individus, victimes d'une façon vicieuse de compter. Mais, si son
analyse est incomplète, il indique à cette crise au
moins un remède approprié.

Le remède, c'est de supprimer absolument la monnaie de compte et de ne se servir que de la monnaie
métallique : « Pour pourvoir au surhaussement des
monnaies et revenir à la forte, il est expédient comp-

ter par écus et diminutions par parties correspondantes [c'est-à-dire par fractions d'écu], et ôter le compte à sols et livres qui est imaginaire ».

Lorsque François Garrault posait ainsi les principes d'une saine monnaie, les décisions de la royauté étaient déjà prises.

A la suite de l'assemblée de Saint-Germain, dit-il lui-même dans sa préface, Sa Majesté « voulut le compte à écus avoir lieu, et à cette fin fit l'édit général sur le règlement des monnaies du mois de septembre dernier, lequel l'on estimait de difficile, voire impossible exécution, tant pour la prompte réduction de l'écu à 60 sols, décri de plusieurs espèces étrangères, que suppression du compte à livre et nouvel établissement de celui à écus. Toutefois, ajoute-t-il, le peuple ayant été longtemps travaillé de l'incertitude du prix des espèces et continuelle augmentation d'icelles, reçut cet édit avec un si grand contentement et allégresse que, postposant tout profit particulier, se rangea de lui-même et sans aucune difficulté sous l'exécution d'icelui. »

Les États de 1576 touchèrent peu à la question des monnaies. Ils proposèrent simplement de fixer la valeur de l'écu à 3 livres 5 sols. Mais la Cour des monnaies adopta les vues monométallistes de François Garrault, et si elles n'obtinrent pas la majorité dans l'assemblée spéciale réunie à Saint-Germain-des-Prés, nous savons déjà que le roi les fit siennes dans son édit de septembre 1577.

Mais le préambule de l'*Ordonnance du Roy sur le faict de la police générale de son Royaume* (1) va nous

______

(1) Paris, F. Morel, 1578 (*Cimber*, IX, pp. 176-286).

prouver combien peu la royauté avait pénétré le sens de la controverse économique qui se débattait depuis une dizaine d'années : « Le Roi, ayant fait son édit et ordonnance sur le règlement des monnaies... afin d'obvier au désordre et grande diminution de la richesse de ses subjects que apportait avec soi le surhaussement de prix *que le peuple s'est licencié de donner* aux espèces d'or et d'argent, par lequel (1) il est notoire que la vente de toutes sortes de denrées, marchandises et ouvrages, a été aussi rehaussée, et semblablement augmenté le salaire des personnes qui travaillent aux œuvres mécaniques... »

La royauté n'a, en somme, compris qu'une chose : c'est que le prix nominal des espèces, c'est-à-dire le nombre de sols et deniers contenus dans un écu, a été augmenté. Elle croit d'ailleurs que cette hausse de l'écu, c'est-à-dire cette baisse de la livre est le fait de quelques malintentionnés, qui ont porté l'écu de 36 sols en 1497 à 50 en 1519, puis à 58 en 1574, puis à 60. Elle ne voit pas, malgré la démonstration convaincante de Bodin, que la hausse du prix nominal de l'écu est un phénomène secondaire à côté de la baisse réelle du pouvoir d'achat de l'or et de l'argent. Elle voit le fait apparent de la hausse des prix, et elle croit, malgré les analyses de Garrault et même celles de Malestroict, que les salaires se sont accrus dans la même proportion que les denrées. On ne saurait imaginer une plus complète mésintelligence des conditions économiques de l'époque.

D'ailleurs, l'édit de 1577 n'eut pas plus de chance que ses prédécesseurs. Il prétendait fixer l'écu à

____

(1) *I. e.*, « surhaussement ».

3 livres et l'argent au prix de l'or, c'est-à-dire établir l'étalon d'or. Mais Garrault a beau célébrer « l'allégresse » populaire avec laquelle il aurait été accueilli, son propre ouvrage témoigne qu'en 1578 il n'était guère respecté. Froumenteau l'appellera « la principale foudre qui a foudroyé les fortunes » ; la France, à l'en croire, ne peut établir le monométallisme à cause de sa pauvreté en or. Henri IV donnera raison à Froumenteau : en 1602, il supprimera le compte par écus et reviendra au compte par livres, l'écu valant 3 livres 5 sols.

Mais les idées de Bodin faisaient tout de même leur chemin. Nous en trouvons l'exposé dans un curieux passage des *Contes d'Eutrapel* (1) et l'écho dans les *Discours* de La Noue (2).

(1) T. II, p. 34 de l'édition Courtot.
(2) *VIII* Discours.*

IV

UNE FAMINE IL Y A 400 ANS
ORGANISATION COMMUNALE
DE LA DÉFENSE CONTRE LA DISETTE [1]

« Quand Dieu travaille son peuple par famine, le gouvernement des communes est fort difficile. »

Ainsi écrivait, en 1529, Estienne Mège, dit Médicis, bourgeois du Puy-en-Velay. De cette difficulté de gouverner « les communes » en temps de disette, le consulat de Lyon venait de faire la douloureuse expérience. Nous avons exposé ailleurs (2) les scènes révolutionnaires que provoqua, dans la grande ville commerçante, cette crise des subsistances. Mais la disette de 1529 (3) et l'agitation qui s'ensuivit ne furent pas des phénomènes purement lyonnais.

(1) Communication faite à l'Académie des sciences morales et politiques, séance du 14 mars 1914.

(2) Étude critique sur la « rebeine » de Lyon, 1529, dans *Revue historique*, t. LXI, 1856, et dans *Études sur la Réforme française*, pp. 105-183.

(3) Voy., pour Paris, Pierre Driart, *Chronique*, pub. par F. Bournon, pp. 138-140.

Pour une ville voisine, l'abondance des documents d'archives va nous permettre de mesurer le trouble apporté par la « cherté » des blés à la vie communale, d'étudier les moyens employés par les autorités locales pour lutter contre le fléau (1). Nous pénétrerons ainsi dans la vie même de nos vieilles organisations urbaines, nous ferons plus intimement connaissance avec un régime auquel il est à peine exagéré d'appliquer le nom de socialisme municipal.

I

C'est le dimanche 25 avril 1529, qu'avait commencé à Lyon « la grande rebeine ». C'est aussi dans l'après-midi du 25 avril que Dijon faillit avoir sa « rebeine ». Devant l'église Notre-Dame, deux hommes, le tailleur d'images Jacques Bertrand et un nommé Pierre Pied, dit du Bourg, avaient harangué la foule ; ils avaient attaqué avec violence le vicomte-mayeur, chef de l'administration communale, et M. des Loges, lieutenant de l'amiral Chabot, alors gouverneur de Bourgogne ; leurs paroles avaient « incité le peuple à murmurations, en sorte qu'il y eut grosse mutation entre les habitants qui furent quasi monopolés... ». Mutation, monopole, ce sont les termes techniques de la langue du seizième siècle pour désigner une émeute.

On s'attendait à ce mouvement. Dès le 23 mars, cinq jours avant Pâques, on avait décidé de faire

(1) Arch. communales de Dijon, B 173 et 174, 456 ; M 340 ; L 438; C 258, 259, 259 *bis*, 260 ; Arch. Côte-d'Or, G 47. Voy. Garnier, *Correspondance de la Mairie de Dijon*, t. 1ᵉʳ, pp. 136-138 et 339.

guet et garde par les rues et les murs « pour éviter qu'il y ait bruit ni désordre à la ville à ce bon jour de Pâques prochaines et autres fêtes séquentes ». Et l'on craignait déjà les suites d'une récolte déficitaire : le 14 avril, on constatait que les meuniers, en travaillant les blés des habitants, commettaient plusieurs abus et larcins, et l'échevinage décidait de faire une enquête à Lyon sur cette question des moutures.

Au lendemain de l'émeute du dimanche 25 avril, se pose d'une façon urgente le problème de « la cherté du blé qui est à présent en cette ville » et de « la pauvreté du peuple ». Dijon « est mal fournie de blé, ce qui pourrait causer cher temps en ladite ville », et les échevins n'ignorent pas que c'est « au moyen de la cherté dudit blé que le peuple s'était cuidé élever et monopoler contre mesdits sieurs par plusieurs fois ».

Dès lors, le spectre de la famine ne disparaît plus. Le 9 mai, malgré des achats qui ont dépassé le prix total de 2.000 livres, le blé manque toujours. Le 22 juin, on remontre la nécessité de « soulager le pauvre peuple de cette ville et lui subvenir à la notoire nécessité » où il est « pour raison de la cherté du blé, vin, chair et autres vivres nécessaires à la vie » ; car la hausse des prix ne s'est pas limitée aux grains, et « la plupart d'iceux habitants ne peuvent de leurs labeurs satisfaire à la nourriture d'eux, leurs familles et domestiques ». Le 26, on constate avec inquiétude qu'il « y a encore longtemps de ci aux moissons prochaines ».

Hélas ! la situation n'est pas meilleure le 31 août, car la récolte s'annonce encore une fois mauvaise.

Le 11 octobre on se lamente toujours sur « la grande cherté du blé qui se continue à la grande destruction du pauvre peuple ». Le 4 novembre, une assemblée générale est convoquée « pour considérer la foule et multitude du peuple demeurant en la ville avec la grosse stérilité de l'année, et la pauvreté notoire, plus grosse que jamais ne fut vue. » On n'a pas seulement manqué de blé, « où consistait toute l'espérance de la plus grande partie du pauvre peuple », mais les vignes, orgueil de la bourgeoisie dijonnaise, « ont aussi défailli » et n'ont pas même payé le prix des façons. Enfin les maladies contagieuses, suite ordinaire de la disette dans la France de ce temps-là comme dans l'Inde d'aujourd'hui, ont rendu la situation encore plus tragique. Et lorsqu'à la fin de décembre on attend la venue du roi, qui vient solenniser la mise à exécution du traité de Cambrai, rectificatif de celui de Madrid, si important pour la Bourgogne, on se demande avec inquiétude comment, sans blé, on va pouvoir « fournir le pain dudit seigneur ».

En mai 1530, la crise durait encore. Le pays fut long à s'en remettre, puisqu'en 1532 un pèlerin se rendant en Terre-Sainte pouvait écrire : « Depuis Dijon [jusqu'à Villefranche] il y avait grosse famine, en sorte que les pauvres gens gisaient sur les fumiers, malades de faim et non d'autre chose (1). »

II

La famine engendrait l'émeute. Le peuple, consi-

____

(1) DENIS POSSOT, *Voyage de Jérusalem*, éd. Schefer, p. 32.

dérant que « Messieurs » de la chambre de ville gouvernaient le fait des subsistances, les rendait tout naturellement responsables de la cherté. Dans les marchands qui venaient disputer aux habitants leur place sur le marché local, il voyait des accapareurs. De là à conclure que la disette résultait d'une collusion entre les échevins et les spéculateurs, il n'y avait qu'un pas. Tel avait été le thème des « murmurations » du 25 avril. Et le sentiment populaire était si excité que le procureur de la ville a bien soin, lorsqu'il ouvre des poursuites contre les marchands accusés d'accaparement, de ne pas les faire appeler « aux jours ordinaires », car si le peuple eût été averti, « il se fût pu mouvoir et outrager iceux défendeurs ». Le chef de l'émeute, sommé de venir à la chambre de ville, répond d'abord insolemment qu'il n'y entrera pas, et « que l'un des messieurs les échevins allât lui parler s'ils voulaient ». Il fallut l'ajourner à nouveau pour pouvoir l'emprisonner.

L'agitation reprit à la Saint-Jean, à l'occasion de la procession qui se déroulait dans le pré des Chartreux. Non seulement on y entendit des gens « qui murmuraient grandement en disant qu'ils mouraient de faim » ; mais le soir le peuple était tellement « ému et courroucé » qu'il y eut au-dessus du Bourg « assemblée criant après mesdits sieurs ». Nouveaux désordres au marché du 25 juillet, à l'instigation de quelques mutins. On ne s'est pas contenté de « grosses paroles », on a menacé « de tuer et outrager » les échevins chargés du service de la boulangerie. Un homme des environs est-il accusé d'enchérir le blé ? On le roue de coups, on le blesse, on pense le tuer. Aussi décide-t-on de faire bonne police au marché du 30, car « le peuple est incorrigible, et contemnant nosdits sieurs de la ville et leurs statuts et ordonnances ».

Une certaine part de responsabilité dans ces désordres semble revenir aux prédicateurs. Les doctrines économiques de l'Église, fondées sur la théorie du juste prix, étaient en somme en accord avec les passions populaires, dont les frères prêcheurs étaient volontiers les organes. A la Saint-Jean, c'est un carme qui s'est fait l'écho des murmures de la foule. Il a dit en son sermon « qu'il y avait mauvaise police dans la ville de Dijon et qu'il n'y avait point de pain par la ville ». Rabroué par les échevins, il proteste de ses bonnes intentions. Le 24 octobre, c'est un cordelier qui prêche qu'il y a « très mauvaise police à la ville ». Sommé, lui aussi, de faire amende honorable, le hardi prêcheur résiste : il avait dit qu'à Dijon « les choses y étaient revendues deux ou trois fois », et, ajoute-t-il fièrement, « il ne pensait avoir dit sinon vérité ». Sur ce, grande colère des échevins, qui lui remontrent « qu'il n'avait dit vérité et que la police [en la ville] était bonne autant qu'en leur couvent ».

III

Il faut rendre cette justice aux échevins : s'ils supportaient difficilement les critiques dirigées contre leur administration, ils multipliaient les mesures pour venir à bout de la disette. Ces mesures, nous allons essayer de les analyser.

Il s'agit d'abord de rechercher les grains existant en ville et aux environs et qui, suivant l'usage du temps, se cachent. Dès le 26 avril, une commission d'enquête visite les greniers, fait la « cherche » ou, comme disent nos textes, la « serche » des grains. Le 9 mai, on demande aux gens d'Église s'ils ont des blés en réserve.

Tout cela étant insuffisant, on décide d'acheter du blé au dehors. On s'adresse d'abord à l'amiral, qui a des greniers épars dans la province. Puis on décide de se tourner vers la Champagne, qui a été moins éprouvée par les mauvaises récoltes. L'abbaye de Clairvaux possède des réserves importantes. On envoie donc un agent dans la province voisine pour obtenir une « traite », une autorisation d'amener du blé, et Chabot intervient en faveur de ses adminis-trés auprès du gouverneur de Champagne, le duc de Guise.

Les blés trouvés, il s'agit d'organiser les charrois, d'empêcher les gens des villages d'arrêter les con-vois ; on demandera donc à M. des Loges des arque-busiers pour escorter les voitures.

Mais en même temps que l'on essaye de centraliser les grains à Dijon, il faut éviter que d'autres quan-tités de blés ne fuient vers des provinces voisines. Et c'est alors que la famine dijonnaise rencontre la redoutable concurrence de la famine lyonnaise. Des marchands lyonnais sont venus jusqu'à Maxilly-sur-Saône et ont demandé à M. des Loges la permis-sion d'emmener par la rivière la moitié des blés qui s'y trouvent entreposés. Cruel embarras ! Par un sen-timent très louable de solidarité intercommunale, la ville « désire de faire plaisir et service à la ville de Lyon ; mais l'on est contraint de soi fournir pour éviter plus grand inconvénient ». A grand' peine les échevins obtiennent que les deux Lyonnais, « les traitant en voisins », leur cèdent au prix d'achat une part des grains qu'ils ont trouvés « en divers lieux, comme en Lorraine, en Champagne, et ailleurs ». En retour, la ville demandera au Parlement des lettres pour les villes de la Saône, afin qu'on laisse descendre le reste des blés jusqu'à Lyon.

En novembre, on essaie de recourir à un autre système, de constituer à Dijon un grenier d'abondance. On publie un cahier des charges, et l'on convoque les soumissionnaires à la maison de ville. Un seul fournisseur se présente. On modifie le cahier des charges, on accorde un bénéfice à l'entrepreneur, et on le défraie de ses dépenses de charroi. La seconde adjudication n'a pas plus de succès que la première, et il faut traiter à l'amiable avec le candidat unique.

Comment parer aux conséquences financières de ces diverses mesures ? La ville n'était guère en état d'emprunter elle-même. Le 27 avril, ce sont les douze échevins qui s'engagent à prêter cent livres par tête, et c'est avec ces 1.200 livres que furent achetés les premiers blés. Le 4 mai, nouvel emprunt de 1.000 livres, sous la garantie des échevins : on se les procurera par une constitution de rente perpétuelle, à 60 livres par an. Nouvel emprunt en octobre.

A l'heure où grossissait la dette de la ville, ses ressources régulières faiblissaient. Comment lever sur un peuple mourant de faim les tailles que l'on doit au roi ? L'on surseoira jusqu'aux prochaines vendanges à la levée des tailles, et la ville les paiera en attendant sur les fonds de l'emprunt. On demandera en outre à Messieurs de l'Église de « vouloir bien fournir argent pour l'achat des blés comme Messieurs de la ville ont fait ». Messieurs de l'Église, suivant leur habitude, parlent beaucoup de leur pauvreté ; néanmoins ils feront ce qu'ils pourront. Le total des emprunts dépassa 9.000 livres.

Une partie de ces sommes devait être récupérée au moyen de la vente des blés aux boulangers ou aux habitants. Les fonds mis ainsi en mouvement atteignirent des chiffres assez considérables : 16.998 livres 16 sols 2 deniers de dépenses, 16.645 l. 1 sol 6 deniers pour la vente des grains. L'opération se solda donc par un déficit.

Lorsque les grains étaient arrivés en ville, le rôle de la municipalité était loin d'être terminé. Elle avait la juridiction sur les métiers. Et, précisément le 14 avril 1529, l'abolition des maîtrises avait considérablement accru les attributions de la ville en matière de police industrielle (1). Elle avait en face d'elle, les meuniers et les boulangers, et même un autre groupe dont le rôle est assez mal défini, les gaudiers ou plutôt les gaudières, car la profession était surtout exercée par les femmes. Non seulement elles cuisaient du pain de qualité inférieure, où la farine de froment était mélangée à celle d'orge et même d'avoine, mais elles remplissaient l'office de détailleuses dans les quartiers populeux. Tandis que les gros bourgeois cuisaient eux-mêmes leur pain ou allaient le chercher aux fours des boulangers, les gaudières avaient des étaux où elles débi-

____

(1) H. Hauser, Notes sur l'organisation du travail à Dijon et en Bourgogne, au seizième et dans la première moitié du dix-septième siècle (*Revue bourguignonne*, t. XIX).

taient à la livre les grosses miches de pain brun.

Il fallait, pour limiter l'enchérissement, réglementer ces diverses professions. Contre les meuniers,
on exige qu'ils réservent la priorité au blé des habitants et des boulangers de la ville, et on veille à ce
qu'ils ne recèlent pas de grains, sous peine du fouet
et d'amende arbitraire. Pour les boulangers, il s'agit
d'établir une taxe du pain qui leur permette de vivre
tout en assurant l'alimentation populaire. On modifie les règles de fabrication : afin d'augmenter le
poids du pain en y laissant plus d'eau, les boulangers seront autorisés à cuire le pain blanc aux deux
tiers et les miches au tiers ; quant à la qualité intermédiaire, le pain bourgeois, on tenta, sans succès
d'ailleurs, de le supprimer. Pour déterminer le prix
de revient des catégories conservées, la ville fait procéder à des « essais » officiels, portant sur les blés de
diverses provenances : en présence du vicomte-
mayeur, parfois aussi d'un chanoine de la Sainte-
Chapelle et du procureur général du Parlement, des
expériences sont faites au four de la maison de
ville. A la suite de ces expériences, Messieurs consentent à abaisser le poids (c'est-à-dire à relever
le prix) des pains bourgeois : le pain de 4 deniers ne
pèsera plus que 9 onces au lieu de 10, celui de 6 deniers 14 onces au lieu de 15 ; mais ils refusent de
toucher au pain bis, qui continuera de coûter 4 deniers les 14 onces et 6 deniers les 21 onces. En octobre, on sera obligé de relever légèrement les diverses taxes et on essaiera, un peu tard, de faire
appel à la libre concurrence des forains : « qui voudra
amener vendre pain blanc et bis en cette ville qu'il
en amène et il y sera reçu ».

Contre les gaudières, la ville reçoit des plaintes de deux côtés à la fois. Les boulangers leur reprochent, comme ils reprochent aux pâtissiers, d'empiéter sur leurs attributions. Les consommateurs se plaignent que le pain des gaudières est de mauvaise qualité, dépouillé de la fleur de froment, et souvent mêlé d'ordures. La ville défend aux pâtissiers de faire du pain, et elle essaie à diverses reprises de suspendre le privilège des gaudières, à condition que les boulangers s'engagent « à faire vendre du pain par leurs valets et servantes sur les étaux ès rues publiques ». Mais les besoins économiques sont plus forts que la volonté de Messieurs les échevins. On tente de remplacer les gaudières par douze femmes de bien qui « seront tenues de fournir la ville et cuire pain à suffisance ». Mais ces gaudières municipales ne paraissent pas avoir donné beaucoup de satisfaction ; et après avoir essayé de nouveau de réserver aux boulangers le monopole de la panification, il fallut bien laisser faire les gaudières, en se contentant de visiter leur pain. Les boulangers se plaindront encore d'elles en janvier 1530.

IV

La principale préoccupation des échevins, c'était d'éviter la spéculation. Au fond, les administrations communales du seizième siècle partageaient la croyance des masses populaires de ce temps-là — et peut-être du nôtre — que la hausse des prix est causée par les agissements du commerce. C'est pourquoi l'on réserve aux habitants l'accès au marché et aux greniers de la ville, avant l'heure où les pâtissiers sont autorisés à s'y rendre. C'est pourquoi l'on fait vendre des blés au compte de la ville, au-dessous du prix du marché et parfois à perte, mais en ayant soin de dissimuler la qualité du vendeur. La mesure usuelle, la carteranche (environ 21 litres), se trouvait trop chère pour les petites gens qui, par suite, ne pouvaient plus faire leur pain eux-mêmes ; la ville fait fabriquer deux demi-carteranches, qui sont portées au marché.

Inutile de dire qu'on ne vint pas à bout de la spéculation. Le premier des spéculateurs paraît bien avoir été Chabot lui-même, le gouverneur de la province : gros détenteur de blés, au lieu de les vendre directement à la ville, il les a cédés pour un prix supérieur à un gros marchand, Jean Foucault, qui les revend à la ville. Nous ne sommes pas non plus très sûr que le lieutenant du gouverneur n'ait point participé à une opération assez louche avec ces marchands lyonnais qu'on disait « fort opulents » et qui ne craignaient pas d'acheter au-dessus du cours. Aussi les échevins surveillent-ils de très près les mouvements de grains à destination des ports de la Saône. Ils font arrêter des marchands, ce qui n'a pas pour effet de rétablir la confiance.

Mais la spéculation la plus visible, la plus odieuse aussi au populaire, c'est celle qui se produit sur les marchés. L'enquête menée sur ce que l'on peut appeler le coup de bourse du 25 juillet est à cet égard très édifiante. Les témoins sont nombreux et variés : le prêtre desservant de Notre-Dame, un lanternier, une servante, etc. Les détails sont typiques : un boulanger, Pierre Vincent, est venu dire à l'oreille d'un paysan qu'il lui paierait son blé 13 francs l'émine (4 hl. 86), payables en écus ; « à ces paroles ledit marchand et plusieurs autres vendant blé haussèrent le prix ». Le cours coté à l'ouverture du marché était de 5 à 7 gros la carteranche ; après cet incident, vers midi ou une heure, il monte à 9 ou 10.

Les détails fournis à l'assemblée du 4 novembre nous permettent de mieux comprendre la manœuvre exécutée par les spéculateurs à la hausse. Nous avons vu que les premières heures du jour étaient réservées aux bourgeois, mais les vendeurs s'entendaient pour retarder, pour « dilayer » la vente « jusques après la cloche sonnée », de façon à laisser se produire, en concurrence avec les demandes des bourgeois, celles des boulangers. Au besoin on ne reculait pas devant la corruption. En mai 1530 on dénonce des marchands qui ont payé un échevin pour pouvoir sortir de la ville du blé acheté aux greniers publics.

Dans ce monde du seizième siècle où les attributions des divers pouvoirs publics étaient très vaguement définies, une entreprise aussi complexe que la lutte contre la disette ne pouvait aller sans provoquer des conflits. Conflit d'abord avec le lieutenant du gouverneur, qui accuse la ville de négligence. Conflit surtout avec le Parlement, qui s'érige en défenseur-né des intérêts du peuple. Messieurs de la Cour ont reçu des dénonciations en forme contre Messieurs de la Ville, et ils ont paru y prêter une oreille complaisante : on a dit que les échevins étaient marchands de blé, et qu'ils avaient participé aux bénéfices de la vente ; on a dit qu'ils faisaient cuire de mauvais pain et à gros prix. Les échevins bondissent sous l'outrage, et répondent qu'ils ont « exposé leurs biens et leur propre corps à soulager le peuple ».

Quand ils parlaient de « leur propre corps », ces messieurs exagéraient un peu. Seul un de leurs subordonnés, le commis de l'échevinage, avait, paraît-il, contracté dans ces journées de surmenage la maladie dont il était mort. Mais l'honneur du corps de ville était atteint. Le Parlement n'insista pas et lorsque, pour se justifier, la Ville invita son puissant voisin à se faire représenter par délégués à l'essai du pain, il répondit poliment qu'il acceptait, « combien que ladite cour savait bien que nosdits sieurs avaient bonne amour et dilection à la chose publique et qu'ils le feraient bien et loyalement, mais seulement afin que la cour connût la vérité du prix auquel on devait faire cuire ledit pain ». Et tout finit par des congratulations réciproques.

*
* *

On voit le rôle capital que jouait la disette dans une ville de commune au seizième siècle. Ce sont tous les services publics qui sont désorganisés. Ce sont les prisonniers qu'on ne peut plus nourrir, si bien qu'on décide de mettre en liberté les prisonniers pour dettes, à moins que leurs créanciers ne se chargent de leur alimentation. Ce sont les écoles qui chôment, parce qu'on ne peut nourrir ni recteur ni régents. Ce sont enfin les pauvres, ceux de la ville, et ceux du dehors, dont on ne sait que faire.

Les même causes produisent les mêmes effets. A

Lyon, c'est de la famine que sortit l'institution de la Grande Aumône, qui devait durer des siècles. Si ce n'était dépasser les limites de notre sujet, nous montrerions comment l'assemblée du 4 novembre 1529 esquissa pour Dijon une organisation analogue.

Il nous suffira d'avoir indiqué l'action de cette question du pain sur la juridiction répressive, sur l'instruction, sur l'assistance publique. A cette question du pain, c'est toute la vie de la cité qui est suspendue.

La disette est une crise de l'existence communale.

Or, ce n'est pas dans les époques de fonctionnement régulier, c'est dans les époques de crise, que l'on peut le mieux saisir la vraie nature des institutions. Tous les ressorts entrent en jeu, tous se tendent, et parfois ils grincent. C'est pourquoi l'étude de cette famine dijonnaise de 1529 nous a paru dépasser de beaucoup l'intérêt, en somme restreint, d'un épisode de l'histoire d'une ville. Si piquantes que puissent être telles anecdotes, une émeute sur le marché, un « beau père » accusé d'avoir prêché des sermons révolutionnaires, ce ne sont que des anecdotes. Ce que nous avons cru voir sous ces faits-divers, et essayé d'y montrer, c'est la vie communale, la vie de tous les jours, saisie en sa réalité même ; ce sont les conceptions qui animaient les corps communaux, conceptions naïves, souvent maladroites, mais, somme toute, presque toujours inspirées par un zèle sincère pour le bien public.

Éblouis que nous sommes par les splendeurs de la cour des Valois, nous nous plaisons trop à croire que, dans une monarchie déjà unifiée, toute impulsion venait du centre. En fait, nos documents nous ont montré combien était restreinte l'action du pouvoir royal, qui n'apparaît guère ici que pour réclamer le paiement des tailles. La vraie histoire, l'histoire même de la France, ne se joue pas tout entière à Fontainebleau, à Blois, à Amboise. Les scènes les moins intéressantes ne sont pas celles qui se passent dans nos villes de commune. Nos aïeux sont là tout entiers, avec leurs besoins, leur caractère, leur mentalité. Nous estimerons n'avoir pas perdu notre peine si nous avons réussi à donner le sentiment de la vie intense qui animait ces petits organismes, ces cellules dont la réunion constituait, pour une bonne part, la France d'autrefois.

V

LES POUVOIRS PUBLICS ET L'ORGANISATION DU TRAVAIL DANS L'ANCIENNE FRANCE

Dans une étude antérieure (1), j'ai essayé de montrer combien étaient divers les modes d'organisation du travail dans l'ancienne France. Travail en jurande, travail libre — avec les nuances infinies que représente ce mot en apparence simple — travail privilégié, nous sont apparus non comme des types rigides et partout semblables à eux-mêmes, mais comme des formes partout différentes, et changeantes perpétuellement.

Cette diversité tient d'abord à la diversité même des conditions économiques propres à chaque métier, et aussi à chaque ville. Tandis que l'intérêt d'une grande place de commerce international, de foires et de banque, est d'attirer chez elle, par l'appât de la liberté, le plus grand nombre possible d'artisans de tous les métiers, une ville où sont déjà développées certaines industries cherche à les défendre,

(1) *Des divers modes d'organisation du travail dans l'ancienne France* (*Revue d'hist. mod. et contemp.*, t. VII, p. 357).

en vertu d'une sorte de protectionnisme municipal, contre la concurrence des nouveaux arrivants. De vieux métiers, dont la technique est peu compliquée, traditionnelle et à peu près immuable, dont l'organisation intérieure est strictement hiérarchisée et le marché limité, ont une tendance naturelle à restreindre leur propre recrutement. Des industries nouvelles, qui s'essaient au régime de la grande production capitaliste, qui ont besoin de perfectionner leur outillage et d'accroître leur production, s'ouvrent plus largement aux libres initiatives.

Mais ces différences économiques ne suffisent pas encore à expliquer les différences d'organisation. Car nous avons vu que ni tous les métiers d'une même ville, ni dans toutes les villes les mêmes métiers ne sont toujours constitués sur le même plan. D'autres causes ont donc agi pour modeler les corps de métier, et nous pouvons déjà, d'après les résultats de notre première enquête, admettre que ces causes sont d'ordre politique. Le régime industriel de Lyon, à certaines dates celui de Dijon, a été consciemment voulu par les municipalités de ces deux villes, et par elles imposé aux industries récalcitrantes. Le régime de Paris, de Tours, etc., a été maintenu, consolidé, étendu par les agents de la royauté, prévôts, baillis, sénéchaux, lieutenants de police. Des actes de la puissance publique ont tenté, à plusieurs reprises, d'en faire le seul régime légal du pays. Quant au travail privilégié, c'est à des hommes d'État, rois ou ministres, qu'on en doit faire remonter la création. Ce sont des agents de la puissance publique, intendants, inspecteurs des manufactures, qui le surveillent et le réglementent.

Le rôle qui revient aux pouvoirs publics dans l'organisation du travail est donc très considérable. Mais rien n'est plus vague, sous l'ancien régime, que la notion de pouvoir public. Rien, aussi, qui change plus avec les époques. La ville, le seigneur, le roi, peuvent également intervenir dans les questions industrielles. Mais tandis que le pouvoir seigneurial et le pouvoir municipal (du moins dans les villes de commune) sont encore, au seizième siècle, des réalités agissantes, le premier sera peu à peu annihilé par les empiétements des fonctionnaires royaux, le second, dès le temps de Louis XIII et plus complètement encore sous Colbert, verra peu à peu se restreindre la sphère de ses compétences. Quant à la puissance royale, elle ne s'exerce pas d'une façon simple et toujours identique à elle-même. Tantôt c'est du centre, conseil du roi, conseil du commerce, que partent les ordres et que descendent les décisions. Tantôt c'est l'agent régional ou local qui applique à des espèces particulières une disposition générale, ou simplement obéit à la tendance instinctive qui pousse tout fonctionnaire à étendre ses attributions. Tantôt ce sont des corps constitués, parlements, cours des monnaies, qui prétendent exercer sur les consommateurs et les producteurs une sorte de haute tutelle, ou qui plus égoïstement défendent leurs propres prérogatives.

Nous voudrions débrouiller un peu ce chaos, démêler l'action de ces divers pouvoirs sur la vie économique des classes industrielles (1). Nous n'oublie-

---

(1) Comme toute tentative de synthèse, celle-ci ne devrait venir qu'après un dépouillement méthodique et complet de *tous* les fonds d'archives. Mais une telle entreprise est impossible. Pour

rons pas que le travail industriel n'apparaît pas alors comme l'exercice naturel et libre de l'activité de l'homme, mais comme une concession de la puissance publique, comme une dépendance du domaine seigneurial.

I. — Le pouvoir communal.

Le métier est essentiellement un organisme urbain. Il est donc naturel de commencer par l'étude des rapports du métier avec la ville. Mais il va de soi que ces rapports ne peuvent nous apparaître en toute netteté que dans les villes qui possèdent et qui ont conservé leur propre autonomie municipale, c'est-à-dire dans les villes de commune. L'histoire même des communes n'est-elle pas, d'ailleurs, étroitement liée à celle des corps de métiers ?

§ 1. *La juridiction communale sur les métiers.* — Dans les villes de commune, dans celles du moins qui n'ont pas perdu toute indépendance réelle, l'organisation du travail industriel fait partie inté-

quelques fonds, nous avons nous-même manié les documents. Pour d'autres, le travail avait été fait par des érudits sérieux. Pour d'autres enfin, nous avons dû nous contenter des inventaires. Malheureusement, les inventaires des Archives communales sont loin d'être tous publiés. Ceux qui sont publiés le sont souvent d'après des méthodes défectueuses. Ils permettent très rarement de dater avec exactitude un fait déterminé. Il est visible, d'autre part, que les phénomènes qui nous intéressent ont médiocrement préoccupé la plupart des rédacteurs de ces inventaires. De là de nombreuses lacunes. — Tous ces inconvénients ne nous ont pas arrêté, parce qu'il nous a semblé que la connaissance directe de quelques fonds d'archives permettait d'interpréter avec une certaine sécurité les indications que donnent les inventaires sur des fonds similaires.

grante du droit municipal. Ainsi se justifie une fois de plus cette idée féconde de M. Luchaire, que la commune est une seigneurie féodale. Les droits que le seigneur possédait sur les *ministeriales* de son domaine, elle les exerce sur les gens de métier. C'est une dépendance de son droit de justice.

Ce privilège traditionnel lui est, à l'occasion, confirmé par un acte du seigneur suzerain. Or, de plus en plus, le suzerain, c'est le roi ; donc, par acte royal. Prenons pour exemple une ville dont la législation industrielle nous est bien connue, grâce à la richesse exceptionnelle de ses archives. La charte d'affranchissement de 1187, en donnant à la ville de Dijon le droit de haute justice, avait fait rentrer dans sa compétence toutes les causes corporatives. En fait, dès le treizième siècle, nous rencontrons à Dijon vingt corps de métiers soumis au « plait généraul », contre neuf seulement « francs du plait généraul ». Lorsque la capitale du duché de Bourgogne est rattachée à la couronne, Louis XI, par des lettres du mois d'août, puis par celles qu'il date de Thérouanne, le 23 décembre 1477, a bien soin de lui reconnaître toute juridiction sur les métiers (1).

Même situation à Bordeaux, Lyon, Toulouse, Poitiers, Beauvais, etc. Cette juridiction s'étend sur la banlieue et les faubourgs, parfois même sur le plat pays (2). Celle de Lyon s'étend

(1) Garnier, *Chartes et coutumes de Bourgogne* ; Chapuis, *Corporations de Dijon*, p. 7 ; Arch. communales de Dijon, G 4. — Montpellier se réfère à une charte de confirmation de Charles VIII.

(2) De Saint-Léger, *la Rivalité industrielle entre Lille et le plat pays. (Ann. de l'Est et du Nord*, t. II, p. 367): « Les grandes villes de Flandre se firent accorder par leurs seigneurs non seulement le pouvoir de réglementer la fabrication à l'intérieur de leurs

sur plusieurs villes du Forez et du Beaujolais.

Que faut-il entendre par ces mots : juridiction communale sur les métiers ? La réponse à cette question va nous être fournie par les communes elles-mêmes, dans les mémoires qu'elles présentent, au dix-huitième siècle, pour résister aux empiétements du pouvoir royal, pour défendre contre la centralisation bureaucratique les débris de leur autonomie. Encore en 1774, les officiers municipaux d'Aire-sur-la-Lys rédigeaient un mémoire « tendant à établir qu'ils ont toute police et juridiction sur le fait des métiers... (1) ». Dira-t-on qu'il s'agit ici d'une de ces communes flamandes, entrées tard dans l'unité française, et dont on n'osait détruire que petit à petit les institutions particulières ? Mais le régime pour le maintien duquel luttaient, en 1774, les magistrats d'Aire, avait été, dans des temps plus anciens, le régime de toutes les villes de commune.

En 1711, la chambre du conseil de la ville de Dijon énumérait de la façon suivante ses multiples compétences : « Connaissance des manufactures et dépendances d'icelles, élections des maîtres et jurés... ;

murs, mais encore celui d'empêcher l'établissement de certaines industries aux environs. » Nous avons indiqué ailleurs le rôle tout différent joué par Lyon, particulièrement à l'égard de Saint-Étienne. — C'est donc évidemment par erreur que M. Duvernoy (*Corporations en Lorraine*, p. 6), en signalant la tendance qu'il relève en Lorraine, « à réunir les corporations de plusieurs localités dans une organisation commune, en subordonnant les métiers des simples bourgades à ceux d'une grande ville », écrit : « En France, on ne trouve pas d'exemple de pareilles associations ; l'industrie de chaque ville y reste indépendante et autonome vis-à-vis des industries des villes voisines. »

(1) G. Espinas et H. Pirenne, *Industrie du drap en Flandre*, p. 2, n. 1.

connaissance des brevets d'apprentissage et réceptions des maîtres, des rapports et procès-verbaux
de visite des maîtres-gardes et jurés, de l'exécution
des statuts et règlements des corps et communautés,
de la reddition de leurs comptes, des contraventions
à l'exécution des ordonnances, statuts et règlements
des chirurgiens, etc..., de l'inspection sur les manufactures des cuirs..., l'exécution des statuts des
maîtres tanneurs... ; la reddition des comptes des
jurés et gardes des orfèvres... (1) ». On le voit, c'est
toute la vie industrielle de la cité qui ressortit à la
juridiction communale.

Remontons encore en arrière. — Déjà, en 1695,
dans une requête adressée au parlement de Rennes,
la ville de Nantes exposait de la façon la plus nette
ses droits en cette matière : « Le roi, disait-elle, a
attribué aux maires et échevins des villes où il y a
mairie la connaissance de tous les procès et différends concernant les manufactures et teintures, les
ouvriers, compagnons et apprentis, leurs salaires,
les visites des gardes et jurés, les rébellions et contraventions qui y seront faites, l'exécution des jugements des maires et échevins, avec défenses aux
parties d'en porter la connaissance devant d'autres
juges, et aux juges de la retenir (2). » On notera, au

______

(1) CHAPUIS, *op. cit.*, p. 21. — A propos des statuts des serruriers
de 1407, le même auteur (p. 339) remarque que ces statuts sont
calqués sur ceux de Paris, 1393, à la seule réserve que les droits
attribués au roi à Paris le sont ici à la ville. — A Cambrai (DU-
BRULLE, *Cambrai*, p. 194) les corporations relèvent du magistrat.

(2) *Invent. Arch. Nantes*, FF 13. La ville présente cet exposé de
principes à propos d'une question d'espèce :« Les jurez des maistres
teinturiers de la ville de Nantes se sont ingerez de se pourvoir en
d'autres juridictions pour le fait des teintures, ce qui est une con-

début de cet exposé, l'allusion faite au règlement
de 1669 qui, au moins dans la forme, maintenait le
droit des municipalités. En ce qui touche les villes
de mairie ce règlement, sur lequel nous reviendrons,
n'a pas créé ; il a simplement reconnu un état de
fait (1).

Mais qu'y avait-il, en réalité, sous cette « juridiction sur les métiers » dont les villes étaient si
fières et si jalouses ? Quels étaient les pouvoirs des
magistrats communaux en matière d'organisation
du travail ?

Ce serait mal connaître l'ancienne France que de
croire que cette question comporte une réponse
simple, qu'il existait une législation unique, valable
pour toutes les villes de commune. Et comment d'ailleurs, au seizième ou au dix-septième siècle, définir
la commune ? Que de différences entre les diverses
villes qui possèdent également le droit de mairie,
de consulat, ou d'échevinage ? Les unes ont conservé la quasi-plénitude de leur autonomie, les autres
n'ont plus qu'un simulacre de franchise. Toutes n'ont
pas su également bien se défendre contre les empiétements des juridictions royales. A côté de Lyon,
où le consulat a la surveillance à peu près exclusive
de l'industrie, il y a Nantes, où la juridiction de la
mairie est, non pas supprimée, mais, euphémisme
charmant, « réunie » au siège du lieutenant-général
de police. Entre ces deux cas extrêmes, que de
nuances dont il faudrait tenir compte ! Tout ce que
l'on peut faire, c'est, en choisissant quelques exemples

travention ». Par un arrêt de 1698, le Parlement donne raison à la
ville.

(1) CHAPUIS, *op. cit.*

typiques, essayer de mettre en lumière les traits essentiels du régime.

Qu'il s'agisse de simples contraventions aux règlements, de conflits entre le producteur et le consommateur, entre l'employeur et l'employé, entre différents groupes de producteurs constitués ou non en jurande, c'est toujours à l'autorité judiciaire municipale que revient la décision. Le règlement de 1669 étendra même, en principe, ce droit aux villes dépourvues de constitution communale. Mais il a toujours existé, et il n'a jamais été exercé dans sa plénitude que dans les villes de commune. C'est même pour cette raison que, dans les villes de commune qui ont conservé leurs archives, la série BB est généralement une mine si précieuse de renseignements sur l'histoire du travail : la juridiction industrielle y est partie intégrante de l'administration municipale. La série BB est d'ailleurs complétée par FF, GG, HH, MM, tandis que, dans les villes sans mairie, il faut se reporter, pour connaître le régime du travail, aux registres des juridictions royales.

A Dijon, c'est la chambre du conseil de ville, dans ses audiences ordinaires, qui exerce cette autorité. Elle mande les plaideurs ou les prévenus devant elle, fait des enquêtes, recueille des témoignages, sous la foi du serment, envoie les coupables dans ses prisons. A Arras, un tribunal de police industriel, la Vingtaine, est chargé « par délégation échevinale de faire exécuter les... règlements.... et d'en appliquer les pénalités (1) ». A Montpellier (2), les consuls et

_____

(1) G. Espinas et H. Pirenne, *op. cit.*, p. 104.
(2) Pas d'inventaire.. Je n'ai pu faire qu'une rapide incursion

viguiers s'intitulent « juges des manufactures et du lanifice », ou encore « juges conservateurs des privilèges des maîtres pareurs et tondeurs de draps », et la série HH des Archives communales, qui contient les « registres de la juridiction des manufactures », nous montre leur autorité en acte. La Jurade de Bordeaux (1), le consulat de Lyon exercent les mêmes pouvoirs. A Boulogne-sur-Mer, la « police des arts et métiers » appartient à la mairie, qui condamne pour travail illégal, tranche des litiges entre corporations rivales (2), prononce sur des contestations entre maîtres du même métier (3), frappe d'amendes les compagnons menuisiers qui ont voulu, malgré les prohibitions, célébrer la fête corporative de la Sainte-Anne (4). A Poitiers, c'est la cour échevinale qui juge « toutes les affaires civiles et criminelles qui concernent les corporations jurées ou non jurées (5) ». Tous les lundis de chaque semaine, et en outre le premier mardi du mois, les

dans ces très importantes archives. Montpellier est d'ailleurs l'une des villes qui ont laissé le juge royal empiéter sur leur juridiction.

(1) Voy. *Archives de la Jurade, passim.*

(2) Maîtres serruriers et maîtres cloutiers : *Inventaire Arch. Boulogne-sur-Mer,* causes civiles et criminelles de la mairie, n° 1024 (années 1659-1662), 1029 (1698-1700), 1033 (1713-1720). Maîtres menuisiers et charpentiers : *ibid.,* police des arts et métiers, 1320 (1754-1759).

(3) *Ibid.,* 1323 (1762-1765).

(4) *Ibid.,* causes civiles et crim., 1042 (1766-1770). En raison de sa date, cette affaire peut se rapporter à la grande agitation des compagnons menuisiers de 1768-1769, que nous avons étudiée (*Compagnonnages d'arts et métiers à Dijon*) à propos de la mise en interdit de Dijon. Là aussi la fête de Sainte-Anne était considérée comme séditieuse.

(5) Boissonnade, *op. cit.,* t. II, pp. 294 et 321.

échevins se réunissent pour régler « les droits et devoirs des maîtres, des apprentis et des compagnons..., la durée du travail, le taux des salaires », et leurs décisions sont soumises à l'approbation du Mois et Cent. Même dans une petite localité comme Castres, c'est, du moins jusqu'à Colbert, le corps consulaire qui est juge en matière de travail (1).

§ 2. *Le pouvoir réglementaire de la commune et les maîtrises.* — Cette juridiction communale se superpose, même en ce qui touche les communautés jurées, au pouvoir réglementaire que le corps de métier possède sur ses propres membres. On peut dire que, dans les villes de commune, l'autonomie de la jurande n'est qu'une apparence, car, de toutes ses décisions, appel peut être interjeté devant le tribunal urbain.

Les jurandes essaient souvent d'échapper à la juridiction communale en portant leur appel à d'autres juges, aux juges seigneuriaux ou royaux. De leur côté, ces juges, surtout les juges royaux, et en particulier les magistrats des bailliages, saisissent avec joie l'occasion qui leur est offerte d'empiéter sur la juridiction communale, en vertu du même principe et des mêmes habitudes qui les poussent à restreindre sans cesse les juridictions seigneuriales. C'est un point sur lequel nous reviendrons en étudiant les rapports des métiers avec le pouvoir royal. Nous verrons avec quelle énergie certaines communes défendent la plénitude de leur droit.

La ville de Poitiers interdit de se pourvoir ailleurs

____

(1) O. GRANAT, *l'Industrie de la draperie à Castres* (*Ann. du Midi*, 1898, p. 453).

que devant elle en première instance, et l'on ne peut
appeler de ses sentences qu'au Parlement. M. Boissonnade nous parle des luttes incessantes qu'elle
poursuit contre les lieutenants général et criminel,
le procureur de la sénéchaussée, le prévôt des maré-
chaux, luttes dans lesquelles le Parlement lui donne
gain de cause. Nous retrouverions les mêmes luttes
à Dijon. Là aussi, les corps de métiers ou les maîtres
qui croient avoir à se méfier de la juridiction échevinale essaient de porter leurs causes au bailliage ;
mais la ville s'oppose à l'intervention de ce tribunal,
et prétend ne relever que du Parlement (1). Encore
en 1711, elle « fait inhibitions et défenses à tous les
corps et communautés de se pourvoir en première
instance ailleurs qu'en cette chambre ».

A ce droit de justice que possède la ville se rattache un droit général de police. On sait combien
est vague et extensif le sens de ce mot, « police »,
dans la langue d'autrefois. On y peut faire rentrer,
en somme, tout ce qui touche au bon ordre et à l'intérêt public. C'est en vertu de son pouvoir de police
que la ville agit sur la législation et la réglementation industrielles.

§ 3. *La ville et les statuts*. — Créer des jurandes,
les supprimer aussi, et leur donner des statuts, c'est
là une prérogative du seigneur du lieu. Dans les villes
royales, elle appartient au roi, représenté par ses
baillis, sénéchaux et prévôts, plus tard par ses juges
de police. Dans les villes seigneuriales, elle est reven-
diquée par le duc, le comte, l'évêque. Dans les villes

______

(1) Voy. *Compagnonnages d'arts et métiers*, p. 84, 30 avril 1626 ;
Arch. de Reims, t. II, p. 28, 1541.

de commune, c'est le corps consulaire qui concède les statuts, de plus en plus, au reste, sous réserve de l'homologation royale et de l'enregistrement au Parlement. — Or, quand on sait ce qu'il y a dans les statuts corporatifs : la hiérarchie intérieure, la durée de l'apprentissage et parfois celle du compagnonnage, les conditions d'accès à la maîtrise, les règles techniques de la fabrication et les règlements ''ateliers, parfois les heures de travail et le taux des salaires, etc., on peut dire que l'autorité qui concède les statuts est vraiment maîtresse de l'organisation du travail.

Quelques exemples feront mieux comprendre comment on s'y prenait, dans une ville de commune, pour faire des statuts, et mettront mieux en lumière l'étendue des droits de la ville.

La procédure la plus ordinaire est celle qui fut suivie à Lyon, en 1554, par les fabricants de soie (1). C'est sur la demande des maîtres que le consulat convoque les plus expérimentés d'entre eux. Ces anciens du métier dressent un règlement en 21 articles. Le consulat homologue ce règlement, qui dès lors devient obligatoire. En 1619, un nouveau règlement est élaboré par les maîtres et approuvé par le consulat. On ne songe même pas à le faire homologuer par le roi. Il est purement enregistré au présidial, et immédiatement appliqué, sous l'autorisation du gouverneur. Il est vrai qu'il s'agit d'un métier libre, pour lequel un « règlement de simple police » pouvait être considéré comme suffisant. Mais à Nar-

---

(1) PARISET, *Fabrique lyonnaise*, p. 31 ; GODART, *l'Ouvrier en soie*, p. 83.

bonne, lorsque les apothicaires veulent se mettre en jurande, ils présentent aussi à la ville une requête dont l'entérinement est ordonné par le magistrat, après correction de leur projet de statuts (1).

Mais il y a des cas où l'intervention de la ville est plus directe. En 1523, les parcheminiers de Dijon n'étaient pas encore en jurande (2). C'est la mairie, pour des motifs tirés de l'intérêt général, qui les engage « à bailler par écrit les articles qu'ils requièrent être faits et passés sur leur dit métier afin de le rendre juré ». Conformément à cette invitation, ils dressent un projet de statuts. Mais trois des plus anciens maîtres les ayant déclarés inacceptables, la ville en ajourne l'homologation, et, en fait, nous ne rencontrons pas de statuts de ce corps avant 1567.

A côté de cet exemple où c'est la ville qui provoque la rédaction des statuts, en voici d'autres où elle casse des statuts dont le seul tort est d'avoir été établis en dehors de son autorité. En 1526, le procureur-syndic de Bordeaux accuse les maîtres bonnetiers d'avoir, « sans congé et permission de MM. les Jurats, fait certains statuts et ordonnances

---

(1) *Invent. Arch. Narbonne*, BB (30 nov. 1595); *Invent. Nîmes* FF 25 (1725) : Règlement des boursiers-culottiers ; *ibid.*, 27 (1765) : additions aux statuts des fabricants en étoffes de soie, or et argent. — *Invent. Boulogne-sur-Mer*, 1308 (1690) : sentence portant que les statuts des maîtres merciers, lingers et eschopiers de cette ville, passés et reçus en loi le 1er avril 1605, seront suivis et exécutés ; *ibid.*, 1317 (1743-52) : st. des maîtres-vitriers ; *ibid.*, 1318 (1740-72) : st. des tailleurs d'habits, rédigés en 1600 ; nouveaux statuts en vingt articles, proposés par la communauté et approuvés par le procureur fiscal ; *ibid.*, 1031 (1711) : enregistrement des statuts des charpentiers ; *ibid.* : modifications aux statuts des marchands-drapiers.

(2) CHAPUIS, *op. cit.*, p. 276.

dont ils auraient usé (1) ». Les bonnetiers disent pour s'excuser qu'ils ont fait « quelque ordonnance à cause de quelques voleurs de bonnets » ; mais ils ajoutent, en toute humilité, que « néanmoins... ils entendaient ne pas s'en aider ». La Jurade casse sans pitié ces statuts illégaux, et permet « auxdits bonnetiers de donner requête pour faire ordonnance, si bon leur semble » : nouvelle affirmation du pouvoir réglementaire de la commune (2).

Cent soixante-quinze ans plus tard (3), dans la même ville, la turbulente corporation des arrimeurs a prétendu s'ériger en corps et compagnie, nommer un syndic, prendre des délibérations, le tout sans avoir prêté serment par devant les maire et jurats, « à la juridiction desquels tous les corps et compagnies des arts et métiers de la ville étaient soumis ». Et une ordonnance municipale casse tous les actes des arrimeurs. Du seizième au dix-huitième siècle, la jurisprudence de la Jurade n'a pas changé.

L'histoire d'une même communauté peut nous montrer la ville adoptant successivement, sur cette question de l'érection en jurande, deux attitudes qui semblent contradictoires ; mais elles ont ceci de commun que toujours c'est la volonté de la ville qui reste souveraine, ici pour dissoudre une association déjà formée, là pour imposer l'association jurée à un groupe d'industriels indépendants (4). L'inter-

____

(1) *Arch. de la Jurade*, t. II, p. 169.

(2) Les bonnetiers usèrent de la permission. Leurs statuts de 1527 furent dûment scellés et signés par le sous-maire et le clerc de la ville.

(3) *Arch. de la Jurade*, t. Ier, p. 328. Les faits incriminés se seraient produits dès le mois de décembre 1699. L'ordonnance de cassation est du 27 septembre 1701.

(4) Huiliers de Dijon (CHAPUIS, *op. cit.*, p. 117) : en 1640, ils se

vention de la ville n'est pas moins nécessaire pour ressusciter une ancienne communauté qui a laissé prescrire ses titres (1).

Mais si une communauté a réussi à se faire ériger en jurande par une autorité rivale, la ville s'empresse de faire opposition à cette érection (2). A Poitiers, l'une d'elles a cru pouvoir passer par dessus la tête des municipaux et faire homologuer ses statuts par le conseil privé du roi. La commune proteste, oblige les contrevenants à faire amende honorable et à soumettre leurs statuts à l'homologation municipale. Après quoi, elle consent à les recevoir, « sans préjudicier à l'autorité de la maison de céans (3) ». — Nous tenons là, semble-t-il, un cas limite.

syndiquent sans l'autorisation des magistrats. « C'est « un monopole et complot », dit le procureur-syndic, car ils ont décidé « que celuy d'entre eux qui façonneroit de l'huile pour quelques particuliers habitans qui ont accoustumé d'en revendre à meilleur prix que lesd. huiliers, seroit obligé de payer par forme d'amende 10 l., qui seroient divisés et distribués à chacun d'eux... » La mairie les assigne pour faire cesser cet abus, « qui tournoit à l'interest de tous les habitans ». — Or, en 1733, c'est la mairie elle-même qui les met en demeure de se constituer en communauté jurée avec statuts. Et les huiliers de répondre que, n'ayant jamais eu de statuts, ils s'en passeraient fort bien, qu'on ne paie chez eux aucun droit de maîtrise, etc. Le procureur-syndic tient bon, et ils finissent par céder ; en 1735, ils présentent des statuts, presque aussitôt homologués. A Cambrai (DUBRULLE, *op. cit.*) « la connaissance des règlements d'ateliers appartient au prévôt et aux échevins...Il est même défendu aux bouchers de faire aucune ordonnance, « s'elle n'est « faicte par le consentement et auctorité de prévost et eschevins ».

(1) En 1763, il est permis aux cartiers de Bordeaux de se présenter en jurande pour prêter serment de maîtres, conformément aux statuts autorisés en 1735 pour faire revivre la jurande de leur corps. Huit maîtres se présentent (*Arch. de la Jurade*, t. III, p. 65).

(2) *Invent. Arch. Nantes,* BB 64 (1694-96).

(3) BOISSONNADE, *op. cit.,* t. II, p. 261 : apothicaires, 1628.

D'ailleurs ce n'est pas seulement la création des corps de métiers jurés ou libres qui relève du pouvoir communal. Il est encore compétent, tout comme le roi ou les princes, pour autoriser un individu isolé à travailler de son industrie, d'une façon temporaire ou définitive. Il peut donc, lui aussi, créer du travail privilégié (1). Il peut même vendre des lettres de maîtrise.

§ 4. *La ville et les jurés.* — L'usine une fois établie, le corps de métier une fois érigé en jurande, le rôle de la ville est-il terminé ? En aucune façon.

Nous aimons à nous représenter les communautés

---

(1) *Invent. Arch. Nevers*, BB 24 (1647) : le verrier Jean Castellan, recommandé par la duchesse de Mantoue, présente requête à la ville ; les échevins consentent à l'établissement de sa verrerie, et lui accordent la continuation des privilèges et exemptions accordés par les princes du Nivernais à ceux qui, auparavant, ont travaillé à la verrerie de Nevers. En retour, Castellan offre de céder tous les ans à la mairie, pour faire des présents aux personnes qui rendent des services à la ville, trente douzaines de verres de cristal à raison de quatre (et non, comme dit l'*Inventaire*, quatorze) sols le verre. — *Invent. Arch. Nîmes*, FF 25 (1755) : permission au s^r René, Italien, de s'établir à Nîmes pour y exercer la profession d'ébéniste. — M. BOISSONNADE, *op. cit.*, donne des exemples analogues. — *Invent. Arch. Chalon*, FF 14 : permission à Julien Scaldine, potier d'étain à Arnay-le-Duc, de travailler de son métier à Chalon avec ses compagnons pendant 8 jours seulement. — *Arch. de la Jurade*, t. II, p. 75 (1624) : ordonnance sur requête qui permet à Louis et Vrain Denis de tenir ouvroir ouvert pour faire des bas et autres ouvrages au métier tant en soie, fil que laine ; concessions analogues en 1711, 1712, 1718. — *Ibid.*, t. Ier, p. 387 : en 1631, le Parlement de Bordeaux, pour subvenir aux frais causés par la peste, autorise la création de deux lettres de maîtrise par corps de métier, délivrées par les jurats au plus haut et dernier enchérisseur. En 1633, une maîtrise d'épinglier est adjugée 18 liv., de parcheminier 30 l., de chapelier 36, de sellier 55. En 1634, bahutier 18, tisserand 12, tapissier 18, chapelier 36. En 1636, sellier 55.

de métiers comme se gouvernant elles-mêmes, par leurs jurés. Ce sont des chefs élus qui gèrent les intérêts communs, font respecter les statuts et les règlements, poursuivent les contrevenants. Ces chefs ne sont responsables que devant l'ensemble des maîtres dont ils tiennent leurs pouvoirs. Et ainsi l'association de métier nous apparaît bien comme une organisation autonome (1).

Ce tableau s'applique assez exactement à un grand nombre de corps de métiers, surtout dans les villes royales, et plus particulièrement encore à Paris. Mais que de corrections ne faut-il pas lui faire subir pour saisir la réalité telle qu'elle se manifeste dans les villes de mairie !

Il y a d'abord la classique exception lyonnaise : « Les maîtres des métiers, dit Claude de Rubys, sont communément des maîtres de chaque métier, qui sont élus et choisis par les échevins, pour avoir tout le long de l'année l'œil, chacun en droit soi, sur le métier duquel il se mêle, voir et visiter les fautes qui se commettent en icelui, et icelles rapporter auxdits échevins, suivant le serment qu'ils font à ces fins entre les mains du consulat (2) ». Ces hommes, qu'on

(1) Voy. *Revue d'hist. mod. et contemp.*, t. VII, p. 360.
(2) *Privilèges de Lyon*, p. 48. Plus tard, Rubys fait l'éloge du régime industriel fondé sur la libre concurrence, l'oppose à la routine des villes jurées. Mais il admet que la liberté illimitée du travail pourrait entraîner de fâcheuses conséquences, à savoir la fabrication de produits de qualité inférieure. C'est pour parer à ce danger que l'on a créé cette institution des maîtres des métiers ; « Aux fins que de cette liberté il ne sortist enfin une licence de mal verser, nos ancestres ont dès longtemps introduit cette police de faire voir et visiter leurs ouvrages par gens à ce experts et congnoissans, et desquels la preudhomie et industrie est eslue et choi-

appelle souvent du nom impropre de jurés ou de maîtres-gardes, sont, au vrai, des délégués du consulat, chargés par lui de faire respecter les ordonnances municipales sur le travail, responsables devant lui. Et les choses se passent à peu près de même pour les quelques métiers lyonnais qui sont organisés en jurande : en 1572, nous voyons le doyen des orfèvres et deux « maîtres jurés anciens du métier » qui prêtent de nouveau « le serment accoutumé (1) » ; deux autres maîtres, « nouvellement élus pour la présente année par le syndicat de ladite ville (2) », prêtent pour la première fois le même serment, « et ont promis et juré de faire les visitations des ouvrages de leur dit état, *rapportant au consulat de mois en mois* les fautes, abus et contraventions qu'ils connaîtront en leur dit métier (3). » S'ils sont les chefs de leurs confrères, ces jurés sont donc encore bien davantage les délégués du consulat.

sic par le consulat ». — Voy. aussi dans *le Colbertisme avant Colbert* (*Revue bourguignonne*, t. XIII, n° 1, pièces), le plaidoyer de l'avocat des drapiers et le plaidoyer de l'avocat de la ville : « Par l'entremise de deux maistres ou artisans de chaque mestier qui sont à ce commis annuellement par le sindicat de lad. ville ». *Ibid.*, pièce V, lettres du prévôt des marchands, du 12 sept. 1600.

(1) Arch. Lyon, BB 90, f° XXVI. Textes cités dans nos *Ouvriers du temps passé*, 2e éd., p. 132.

(2) Quoiqu'il s'agisse d'une communauté jurée.

(3) En fait, Arch. Lyon, BB 90, f° XXXIII, nous voyons que « les quatre maistres jurez du mestier des orfèvres de la ville de Lyon », comparaissent au consulat pour faire rapport des incidents qui se sont produits pendant qu'ils procédaient « à la visitation des ouvraiges de leur mestier ». Ils requièrent les consuls de mander devant eux les contrevenants. Et ces derniers sont « mandez » par « l'ung des mandeurs de la ville et le clerc des orfèvres », ce qui indique bien la nature des rapports entre la ville et la communauté.

La ville de Dijon, qui, à diverses reprises, tenta d'établir chez elle le régime lyonnais de la liberté du travail, procède plus ou moins de la même façon (1). Au lendemain même de son élection, le vicomte-mayeur institue deux « jurés » par métier... ; c'est l'un des premiers actes du nouveau magistrat. Mais ces personnages n'ont de jurés que le nom. Ils forment en réalité, suivant une expression plus exacte, qui sert parfois à les désigner, des « commissions sur les métiers ». Ils ne sont pas élus par leurs confrères ; très souvent, un seul d'entre eux est un maître du métier, l'autre est un échevin ou même un notable, pourvu d'une commission sur un ou plusieurs métiers. Même aux époques où elle laisse renaître les jurandes, la ville, quand elle autorise la création d'un nouveau corps, a bien soin de se réserver la nomination des jurés, même s'ils sont tous deux pris dans le métier. Cette disposition est insérée dans les statuts (2).

Dans les cas très rares où une communauté dijonnaise a su conserver ou obtenir le droit d'élire ses jurés, cette élection est soumise à l'agrément de la ville, et les jurés doivent se faire accompagner dans leurs visites par l'échevin préposé à la surveillance du métier ou par son délégué. Telle est du moins la

(1) Voy. *Notes sur l'organis. du travail à Dijon et en Bourgogne* (*Revue bourguignonne*, p. 99), et *Revue d'hist. mod. et contemp.*, t, VII, p. 375 ; Chapuis, *op. cit.*, p. 25. — Aux Archives communales, s^{ie} B, chaque année, à la Saint-Jean, on trouve la liste des « commissions sur les métiers ». Voy., à titre d'exemple, B 147, année 1609.

(2) Chapuis, *op. cit.*, p. 127, statuts des vinaigriers-moutardiers, art. XXVIII : « que chacun an sera faite lad. élection par lesd. sieurs vicomte-mayeur et eschevins, ainsi qu'il se fait pour les autres mestiers de lad, ville », 1634.

loi écrite, ce qui ne veut pas dire qu'aucune infraction n'était faite à cette théorie. — A Bordeaux, c'est la jurade qui agrée les « bayles » des confréries (1).

Dans le Languedoc, le droit de surveillance municipale s'affirme par une institution régulière, celle des « surposés ». Tous les ans, à date fixe, les consuls désignent, « à leur discrétion », les commissaires des métiers, qu'on appelle de ce nom de surposés, et ils n'admettent pas qu'on discute leurs choix (2). Nous connaissons particulièrement bien cette organisation pour Montpellier, où elle est appliquée à la draperie. Les surposés prêtent serment entre les mains des consuls « de bien et loyaument entendre au fait de ladite draperie... », sans « que autres justiciers en puissent prendre connaissance ». Leurs décisions ne peuvent

(1) *Arch. de la Jurade*, t. II, p. 169 ; maitres bonnetiers, 1532.

(2) Arch. Montpellier, HH 95, fº 72 vº, 25 juin 1500 : « A esté exposé par lesd. sʳˢ consuls... comment lesd. consuls et conseillers, le jour d'yer qu'estoit le jour de saint Jehan, ainsi qu'il est de coustume tous les ans, avoient faicte élection et nomination des surposez de l'art de la draperie ». — Plusieurs tisserands viennent se plaindre de la désignation comme « sobreposé » de l'un d'entre eux, sous prétexte qu'il n'est « idoine, suffisant ni capable d'exercer l'office de sobreposé, car il n'est expert aud. mestier, ne sçavoir congnoistre ou discerner si ung mesclat est bien adobé ou non ne ung cortroys ne ung cadis ne ung cordhilat ne ung estamin... et qui pis est a toujours mal dit du mestier ». En sa place ils présentent à l'agrément des consuls deux maîtres capables, « lesquels ou l'un d'eux vous plaise accepter ou y pourvoir à votre volonté ». Malgré le ton assez humble des requérants, les consuls refusent de revenir sur leur décision, et prennent le serment des surposés de leur choix. — Voy. dans GERMAIN, *Commerce de Montpellier*, t. II, p. 426, les lettres de Charles VIII, juill. 1493, qui établissent cette organisation. Il y a cinq surposés, un marchand drapier ou teinturier, deux paraires et deux tisserands, tous élus par les consuls et les XXIV. On élit également huit « conseillers des surposés ».

être frappées d'appel que devant les consuls de mer assistés des XXIV, c'est-à-dire devant le pouvoir municipal. Ce qui accuse le caractère municipal de cette institution, les surposés et leur conseil siègent dans un hôtel spécial, où se fait la visite des laines ; un gardien est chargé des pesées ; un notaire tient registre des noms des paraires et maîtres tisserands, il a titre de notaire des superposés ; ceux-ci sont assermentés et gagés par la ville, de même que le clavaire, le trésorier, le clerc qui scelle les laines, les deux visiteurs des laines et le sergent qui fait, en cas de besoin, les exploits. Le pouvoir des commissaires est très grand : « Généralement est donné congé et licence auxdits surposés avec leur conseil de faire en la matière de lad. draperie tout ce qu'ils connaîtront être à faire par raison ».

La même institution fonctionne à Narbonne (1). A Castres, les consuls font visiter les ateliers de draperie par les six « surposés de la Bouille (2) ». Nîmes a ses « capitaines de métiers ».

A Poitiers, la ville désigne des échevins et des bourgeois qui s'appellent « intendants », « visiteurs », ou même « gardes ». Ces « intendants » ne se fient pas aux rapports des jurés du métier, ils vont vérifier par eux-mêmes les « œuvres » des maîtres. Après quoi ils font leur rapport au procureur de la police.

----

(1) *Invent. Arch. Narbonne*, BB 7 : 5 mars 1607, élection des surposés de la confrérie des marchands, serment pris des surposés. 5 août, requête des surposés « de la caze et office des maistres pareurs et tondeurs de draps ». 1608, 25 février : élection des surposés des marchands, etc.

(2) O. GRANAT, *art. cit.*, p. 453. Ce contrôle finit par être affermé à deux adjudicataires. Mais, en 1600, on revint à la nomination directe des « bouilleurs » par les consuls.

D'ailleurs le maire lui-même, assisté du juge des Treize, visite les étaux, cabarets, boutiques et ateliers (1). A Toulouse, la visite des manufactures de draps appartient aux capitouls, assistés des maîtres et bailes fabricants (2).

C'est d'ailleurs une particularité des villes drapières, — et qui s'explique par l'organisation même de cette industrie — que la surveillance municipale s'y exerce d'une façon plus étroite. A Cambrai, non seulement les échevins choisissent les maïeurs des corporations drapières, mais ils installent à côté des maïeurs « les eswards, qui sont plus directement des agents municipaux ». En dehors des maïeurs, les échevins peuvent saisir, pourvu qu'ils soient deux au moins.

Lorsque les chefs élus par les métiers sont autorisés à visiter eux-mêmes les ateliers, ils n'exercent leurs fonctions qu'après avoir prêté serment à la ville (3). C'est la jurade qui confère aux « bayles » bordelais la droit de visite et de saisie ; ils sont tenus à faire rapport « à la magistrature », dans les vingt-quatre heures, des contraventions qu'ils ont découvertes (4). Et, pour visiter ailleurs que chez les maîtres de leur propre corps (c'est-à-dire pour relever chez les maîtres d'un métier rival les infractions à leur privilège exclusif), ils doivent requérir l'assu-

(1) BOISSONNADE, *op. cit.*, t. II, pp. 294, 307 et *passim*.

(2) *Invent. Arch. Haute-Garonne*, B 1602.

(3) *Invent. Arch. Boulogne-sur-Mer*, 1050 (1752-62) : prestation de serment des prévôts et égards de la communauté des tisserands.

(4) *Arch. de la Jurade*, t. II. p. 4 (1759). En 1685 (*ibid.*, p. 652), c'étaient un jurat et le substitut du procureur-syndic qui visitaient chez les boutonniers, et saisissaient chez l'un d'eux des paquets de fabrique étrangère.

rance d'un des messieurs les jurats, à peine de nullité.

Qu'il s'agisse donc de travail libre ou de travail en jurande, que les jurés soient désignés par la ville ou choisis par les maîtres, dans tous les cas la commune surveille et dirige le mécanisme des corps de métiers (1).

§ 5. *Le pouvoir communal et la composition des corps de métiers*. — Ce n'est pas seulement sur le gouvernement du corps de métier que s'étend le pouvoir communal, c'est encore sur sa composition, sur le recrutement de son personnel.

Il y a là de quoi étonner. Si l'on en croyait les théoriciens de la corporation, la condition nécessaire et suffisante, pour être passé maître, serait d'être reçu par les maîtres en exercice. Cette théorie s'applique très imparfaitement aux villes de commune.

Dans le cas des métiers libres — et nous savons qu'à certaines dates presque tous les métiers sont libres dans certaines villes — la ville règle souverainement l'accès à la maîtrise (2). C'est un commissaire désigné par la chambre qui informe des « vie, mœurs, religion et suffisance au métier » du candidat. Celui-ci demande à la chambre qu'il lui plaise de le

---

(1) On voit par ce qui précède combien est inexacte cette phrase d'un travail, d'ailleurs des plus estimables, de M. DUVERNOY sur *les Corporations en Barrois et en Lorraine*, p. 5 : « C'est partout un des traits essentiels du régime corporatif que chaque corps de métier soit autonome, maître chez lui, sauf les rapports prévus avec les pouvoirs publics, et ne soit administré et surveillé que par des chefs pris dans son sein. Là où manque cette caractéristique, on peut être sûr qu'il n'y a pas corporation ». Il faudrait dire, si cette assertion était vraie, qu'il y a eu infiniment peu de corporations dans les villes de commune. Mais la réalité est bien autrement complexe que nos formules juridiques modernes.

(2) *Revue d'hist. mod. et contemp.*, t. VII, p. 375.

recevoir maître ; sur les conclusions du procureur-syndic, la chambre lui « permet de travailler dudit métier en ladite ville, faubourgs et banlieue, à la charge de s'en acquitter bien et dûment ». Ensuite, « *le serment de lui pris* », le secrétaire de la chambre lui délivre ses lettres de maîtrise, « scellées du scel et des armes de la ville (1) ».

Dans la draperie languedocienne, l'aspirant est examiné par les surposés, et c'est le notaire des surposés qui lui délivre sa licence, comme c'est sur son registre que les paraires doivent faire inscrire leurs apprentis.

Le serment imposé au nouveau maître est plus qu'une formalité. Non seulement il jure de s'acquitter de son métier « bien et dûment, loyalement et fidèlement », comme si, en réalité, l'exercice de son métier était un service public. Mais encore, il jure obéissance à la commune, il promet de lui être « fidèle », de « porter tout honneur et respect à ses magistrats ». On va jusqu'à lui imposer des charges qui n'ont avec sa profession aucun rapport, à en faire une sorte d'agent de la police municipale : « s'il sait et découvre quelques entreprises et conspirations contre la sûreté de S. M., bien et repos des habitants, tout aussitôt en avertira le magistrat pour y pourvoir ».

Même dans les métiers jurés, le nouveau maître n'est maître qu'après avoir été accepté comme tel par la mairie. Ses obligations sont à peine moins étroites que dans un métier libre. Lui aussi doit

____

(1) Voy. une de ces « réceptions » dans mes *Notes sur l'organisation du travail à Dijon et en Bourgogne* (*Revue bourguignonne*, *loc. cit.*), p. 130, n. 1, 14 juin 1647.

« bien et loyalement faire son métier », mais lui aussi
jure d'obéir à la commune, se reconnaît « sujet aux
lois politiques d'icelle (1) ». Le corps consulaire
exige que le candidat lui soit présenté par les bayles
ou jurés, et il peut refuser de recevoir le serment
d'une personne qui ne lui est point « agréable (2) ».
C'est lui, ce sont les consuls et viguiers, ailleurs les
maire et échevins, ou le juge de police, qui, sur le
vu des procès-verbaux de chefs-d'œuvre, prononcent
l'admission à maîtrise, de même qu'ils connaissent
des exclusions, radiations, oppositions, — pour ces
dernières, qu'elles proviennent des jurés ou des particuliers (3). Un maître que les jurés auraient né-

(1) A Poitiers (Boissonnade, *op. cit.*, t. II, p. 291). — *Invent. Arch.
Boulogne-sur-Mer*, BB 1026 (1687-93), réception d'un chapelier ; 104,
(1739-52), d'un imprimeur-libraire et d'un libraire-relieur ; 1050
(1752-61), d'un serrurier, etc., etc. — Arch. Montpellier, HH 89
7 janv. 1767 : les maire et consuls, sur la réquisition des maîtres
tondeurs, reçoivent un maître, à charge pour lui de prêter serment
entre les mains du second consul ; ibid., *passim*, jusqu'en 1780. —
Invent. Arch. Nantes, FF 75 (1742) : « A comparu [au siège de po-
lice] Pierre Parison, mᵉ menuisier, lequel a dit que par sentence
de réception de ce matin il lui a été ordonné de faire le serment
à l'audience de se comporter fidèlement au fait et exercice de lad.
maistrise ».

(2) *Invent. Arch. Narbonne*, BB 11, fᵒ 649, 30 nov. 1595 : entérinement de la requête présentée par les apothicaires de la ville à l'effet
d'être reçus à passer maîtres jurés, « veu l'importance de leur
estat, et à la charge, toutes fois qu'ils ne pourront examiner ny
faire jurer personne qui ne soict agréable aulx sieurs consuls. Et
seront tenus lesd. maistres leur présenter celuy ou ceulx qu'ils
auront examinés et faict prester le serment en tel cas requis et
accoustumé pour les recevoir en lad. charge, ce qu'ils pourront
faire après leur estre apparcu de la suffizance, prudhomie, fidélité,
bonne vie, mœurs et religion des postulants ».

(3) Voy. aux Archives de Montpellier, HH 6, *Registre de la juridiction des manufactures* (1719-1728). — *Invent. Arch. Nîmes*, FF 20,
21, 26, 28, 29 et *passim*.

gligé de présenter au bureau de ville serait incapable d'exercer la maîtrise (1).

Reçu, le nouveau titulaire est inscrit sur les registres du greffe de la ville. Nouvelle formalité indispensable, dont l'inexécution rendrait caduc son droit à tenir ouvroir (2). C'est ensuite le greffier de la ville qui lui délivre ses lettres de maîtrise. — Nous constatons la survivance de ces prérogatives jusqu'aux premiers temps de la Révolution (3). Formulaire et

(1) Bordeaux, *Arch. de la Jurade*, t. Ier, pp. 397-398. Les aspirants à la maîtrise (nombreux actes postérieurs à 1520) sont présentés aux jurats, avec leur chef-d'œuvre, par les bayles du métier. En 1554, le procureur-syndic appelle de la réception d'un maître-pâtissier, parce que les bayles ne l'ont pas présenté aux Jurats pour être procédé par devant eux à son examen. — La municipalité bordelaise est intraitable à cet égard. En 1526 (*Jurade*, II, p. 642), les Jurats ordonnent à Jean Goupil, serrurier, de refermer sa boutique (qu'il avait ouverte sous prétexte qu'il avait acheté la maîtrise des bayles-serruriers) et de ne travailler qu'avec un maître, jusqu'à ce que MM. les Jurats lui aient accordé la permission. En 1527, ils défendent à deux maîtres de tenir boutique jusqu'à ce qu'ils aient payé les droits dus à la ville. Beaucoup plus tard, en 1757, ces dispositions n'ont pas changé (*Ibid.*, pp. 642-649). On On rappelle aux marchands qu'ils doivent se présenter à la Magistrature, faire leur déclaration, prêter serment, à peine de 100 l. d'amende et de fermer boutique. Il est défendu à tous artisans ouvriers, de quelque profession que ce soit, *qu'ils soient jurandés ou non*, de tenir boutique, chantier ou ouvroir sans avoir obtenu préalable permission de la Magistrature. — A Amiens (*Invent. Arch. Somme*, C 485), 1705, certificat de réception d'un maître sergier-baracanier délivré par le maire.

(2) *Invent. Arch. Nantes*, FF 13 (1695) : ordonnance du bureau de ville qui « enjoint à tous les maîtres des métiers de drapiers, sergers, et autres manufactures d'or, d'argent, de soye, de laine et de fil, et aux maîtres du métier de teintures, de se faire inscrire dans un mois prochain venant sur les registres du greffe de cette ville, faute de quoy ils ne pourront plus exercer la maîtrise dud. métier ». Confirmé par arrêt du Parlement en 1698.

(3) Arch. commun. d'Auxonne (documents dont nous devons

cérémonial sont restés ce qu'ils étaient au seizième siècle.

Il va de soi que, dans la majorité des cas, la ville ne fait autre chose que ratifier la décision des jurés (1). Cependant il peut y avoir conflit entre l'aspirant et ses juges ; en ce cas, la ville peut casser le verdict corporatif, faire recommencer devant elle (au besoin chez elle) les épreuves, admettre les refusés, comme elle peut refuser des candidats admis, ou recevoir sans examen (2). Un tondeur de Montpellier se plaint-il d'avoir été refusé indûment au chef-d'œuvre ? Le rapport des surposés de la dra-

l'obligeante communication à M. Colin, instituteur-adjoint à Auxonne), délibérations, 27 juin 1789 : « Réception et admission d'Anne Dugourd au nombre des fripières de cette ville. Comparution d'Anne Dugourd, qui a prêté le serment de fidèlement et en conscience s'acquitter des fonctions de fripière et de se conformer aux ordonnances et règlements faits et à faire. » Le même jour, la veuve d'un tailleur d'habits demande à la chambre de « l'autoriser à vendre et acheter toutes choses relatives à la friperie ».

(1) Arch. Montpellier, HH 25, fo 122, 28 avril 1548 : « Les consuls de la présente année, à la présentation de MM. les subreposués et à la nomination des consuls du mestier de teysserans de draps et aultres maistres dud. mestier, Françoys Guichard...a esté receu... » Entre mille autres, je donne ce texte *exempli gratia*. On y voit la procédure suivie : 1° réception du candidat par le bureau du métier ; 2° acceptation de ce choix par les surposés, qui le communiquent aux consuls ; 3° ratification par les consuls.

(2) Voy. BOISSONNADE, *op. cit.*, t. II, p. 307. — *Invent. Arch. Haute-Garonne*, B1571 (1637) : arrêt approuvant la procédure faite par les capitouls au sujet d'un chef-d'œuvre, et disant que l'aspirant fera led. chef-d'œuvre, dans la maison de ville, en présence des bailes et compagnons du même métier, *suivant l'ancienne coutume*. Nous assistons là à une tentative de résurrection du droit municipal. — A Bordeaux (texte cité p. 184, n. 3), à la suite de l'appel du procureur-syndic en 1554, il est décidé qu'à l'avenir l'examen des pâtissiers se passera devant les maîtres et les jurats, sous peine d'une amende de 50 l. à encourir par les bayles. *Arch. de la*

perie le déclare « suffisant pour passer maître et tenir boutique dudit art ». Le juge de police ordonne de le recevoir (1). — En certains cas, les échevins n'hésitent pas à s'improviser eux-mêmes juges du chef-d'œuvre : le seigneur justicier — ici la commune — évoque à soi l'affaire pendante devant la juridiction corporative (2). Quand ils sont embarrassés, les échevins font faire enquête auprès des gens du même métier dans les villes du voisinage (3).

Il y a plus : suivant une procédure analogue à celle qu'emploie le roi quand il concède des lettres de maîtrise, une maîtrise peut être créée par une simple

Jurade, t. Ier, p. 392 (1599) : arrêt du Parlement qui met à néant l'appel du syndic des maîtres de la palestrine d'une sentence des maires et jurats portant réception d'un chaudronnier comme maître en fait d'armes avec permission de tenir salle ouverte. Désormais l'aspirant fera essai en présence des maires et jurats, avec l'assistance des bayles de la palestrine, lesquels donneront simplement leur avis. Pour d'autres métiers on se contente du rapport des bayles.

(1) Arch. Montpellier, HH 25, f° 119 (1547). Le juge de police, il est vrai, est ici (en vertu d'une opération de *réunion*) le gouverneur de Montpellier, et l'affaire se déroule devant sa « cour et bureau royal ». Mais les surposés sont toujours des mandataires de la ville.

(2) Arch. Dijon, G 25. Un soldat du château (affaire qui se déroule de 1635 à 1639) est candidat à la maîtrise de cordonnier. Opposition de la confrérie. Les échevins examinent le chef-d'œuvre. — Ce qui complique la question, c'est que l'on fait intervenir ici, pour forcer la confrérie à se soumettre, l'abolition des jurandes de 1617 et la nouvelle interdiction des maîtrises de 1648.

(3) Arch. Dijon, B 81 (1538-1542). Les jurés chapeliers prétendaient que les chapeaux produits par Damotte comme chef-d'œuvre n'étaient pas bien travaillés. La ville nomme une commission chargée de se rendre dans les villes le plus prochaines avec ces chapeaux, et de rapporter l'avis des personnes compétentes. Les chapeaux sont déclarés « suffisans » à Beaune et à Chalon ; en conséquence, Damotte est reçu maître.

délibération municipale en faveur d'un compagnon qui s'engage à rendre à la ville des services d'une nature délicate (1).

§ 6. *Manufactures municipales*. — A l'instar des manufactures royales, il existe, en dehors du travail en jurande et du travail libre proprement dit, des manufactures municipales. — L'atelier de charité devait tout naturellement conduire à la manufacture. La plupart du temps, le passage d'une forme à l'autre ne se faisait que très incomplètement, l'atelier de charité étant par essence une création temporaire. Mais nous connaissons au moins un exemple de cette transformation.

En 1634, la ville de Dijon avait pris sous sa protection spéciale la manufacture de drap établie en l'hôpital Sainte-Anne pour subvenir aux besoins des pauvres orphelins (2). Mais, à côté de la préoccupation charitable, la ville avait, en créant cette manufacture, des visées industrielles : l'industrie des drap était en décadence, et il s'agissait de la relever. Nous voyons que la ville installe à la tête de cet organisme une sorte de directeur, « celuy qui a charge des manufactures de l'hôpital ». Il a sous ses ordres des maîtres-drapiers, avec lesquels il doit,

(1) *Arch. de la Jurade*, t. III, p. 161 (1733) : délibération permettant à un compagnon charpentier d'exercer la maîtrise pendant sa vie... à charge de dresser les échafauds nécessaires à l'exécution des condamnés à mort. S'il y manque, il sera privé de la maîtrise.

(2) Quiconque tentera de molester les personnes y employées ou d'en débaucher les ouvriers recevra une punition exemplaire (Arch. Dijon B272). CHAPUIS, p. 187, cite à ce sujet *la Fondation, construction des hôpitaux de Dijon*, Dijon, Palliot, 1649, in-4, et CHABEUF, *Voyage d'un délégué suisse au chapitre de Cîteaux*, Dijon, 1885, in-8.

à la fin de chaque semaine, « compter... de la besogne qu'ont faite les pauvres ». C'est lui qui doit pourvoir d'instruments et de matières ceux ou celles qui travaillent les draps et aussi (car les industries annexes se développent à côté de la draperie) « acheter les laines et filets pour les filles qui travaillent en tapisserie, nuances, point coupé, point d'Espagne et de Gênes (1) ». — Au dix-huitième siècle, la manufacture était administrée par deux directeurs, sans doute à l'entreprise et non en régie, puisqu'ils devaient, comme les fabricants particuliers, mettre leurs noms en tête et en queue des pièces. En 1782 seulement, cette marque fut remplacée par une marque officielle (2). — Cet exemple n'est certainement pas unique. Il montre, dans toute sa plénitude, le pouvoir de la ville en matière d'organisation du travail.

§ 7. *Des objets auxquels s'applique le pouvoir réglementaire de la commune.* — Nous avons vu qu'en vertu de son pouvoir général et à peu près illimité de police, la ville agit directement sur la réglementation industrielle.

Elle agit, tout d'abord, au nom de l'hygiène, soit

(1) En 1667, un délégué au chapitre de Cîteaux y vit un « grand nombre de salles et d'ateliers assez mal tenus..., des enfants et jeunes gens occupés à divers métiers, notamment à carder de la laine que, par un travail assez rude, ils transforment ensuite en fils et en tissus ». — L'histoire de cette manufacture serait à faire.

(2) A côté de la draperie de Sainte-Anne, CHAPUIS signale (*op. cit.*, p. 190), en 1777-1788, une filature municipale de coton, occupant une soixantaine d'ouvriers. Les cardeurs débutaient à 5 sous par jour, et leur salaire finissait par doubler. En dehors de l'atelier proprement dit, cette filature pratiquait le travail dispersé (ouvrières ayant leur rouet à domicile).

pour s'assurer que les industries alimentaires ne livrent pas au public des denrées corrompues ou malsaines, soit pour réglementer les industries insalubres. Feuilletons les registres d'une chambre de ville, n'importe laquelle (car toutes se ressemblent à cet égard), nous serons frappés de la fréquence et de la variété des prescriptions de cette nature. La ville nomme des commissions pour voir si les chairs tuées à la boucherie sont saines et bonnes à manger. Pour éviter les infections qui naissent de la préparation des cuirs, elle prescrit à tous les corroyeurs, aux bourreliers, chapeliers, bonnetiers, d'aller demeurer les premiers dans une rue qui mène aux champs, les autres dans les rues écartées. Elle enjoint aux harengers et harengères de jeter dans des conduits ou de faire porter hors de la ville l'eau dans laquelle ils font détremper leurs harengs, à cause de l'infection. Elle fait démolir une huilerie pour cause de mauvaise odeur. Elle ordonne aux personnes dont l'industrie emploie des boyaux de les laver et faire sécher hors les murs (1). Elle force les propriétaires dont les maisons sont occupées par des bouchers, fondeurs de suif, ciriers, charcutiers, à faire carreler de pierre ou de béton les lieux où ceux-ci travaillent (2).

La préoccupation de la santé publique permet aussi de poursuivre les falsificateurs. On confisque une boîte de dragées « poids de Verdun » faites avec du sucre et de l'amidon, et le marchand est condamné

----

(1) Arch. Dijon, B 171, 173, 177, 207, 251, exemples pris entre 1525 et 1613.

(2) *Invent. Arch. Nantes*, FF 58 (1722).

à 30 sols d'amende (1). En 1790 encore, la boutique d'un boulanger est murée un mois parce qu'il a fait de mauvais pain (2).

Mais ce n'est pas seulement la qualité que la ville surveille, c'est aussi la quantité : elle condamne des boulangers qui ont fait des pains au-dessus ou au-dessous du poids porté par ses ordonnances (3). En période de disette, lorsque les boulangers se plaignent de ne pouvoir vendre les diverses catégories de pains aux prix fixés par la ville, celle-ci institue des essais officiels de panification, dirigés par les échevins, et dont les résultats constituent ensuite une règle obligatoire. Il y a plus : suivant que le blé est rare ou abondant, elle ordonne de réserver la précieuse céréale pour la fabrication du pain, ou elle pousse à sa transformation partielle en pâtisseries (4). On voit jusque dans quel détail peut descendre l'ingérence municipale.

Un autre motif permanent d'intervention, c'est l'application des innombrables prescriptions religieuses qui suspendent le travail ou la vente pendant des jours ou des heures déterminés. Un vinai-

(1) Arch. Dijon, B 256 (1618).
(2) *Invent. Arch. Nantes*, FF 47.
(3) Arch. Dijon, B 261 (1623-1624).
(4) Arch. Dijon, B 210. Nous sommes en 1592-1593, c'est-à-dire en période de guerre : défense aux pâtissiers « de faire des craquelins au beurre, ains seulement des salez et eschaudez à deux deniers pièce », à peine de dix écus d'amende contre les vendeurs ou acheteurs. B 236 (1598-1599, après la paix) : vu l'abondance des grains, il est enjoint aux pâtissiers de faire les craquelins et les petits pâtés plus gros, à peine d'amende. — Nous ne saurions trop le répéter : la législation d'une ville est donnée ici à titre d'exemple, mais on trouvera dans les archives de toutes les communes industrielles des ordonnances analogues.

grier est poursuivi pour avoir, les jours de fête,
« mené la brouette par la ville et crié le vinaigre (1) ».
Conformément à une requête des maîtres maçons,
charpentiers, couvreurs et blanchisseurs, la chambre
leur défend à tous de travailler le jour de Saint-
Joseph et celui des Quatre-Couronnés, à peine de
3 livres d'amende (2). Si l'Annonciation tombe la
veille de Pâques, c'est encore la chambre qui, par
dérogation à la règle, autorise les bouchers à ouvrir
à l'issue du sermon, mais en spécifiant que nulle voi-
ture, chargée de viande ou autres denrées, ne pourra
entrer en ville (3). Le pape ordonne-t-il un jubilé ?
C'est la ville qui prescrit que, pendant un dimanche,
les boutiques seront fermées comme le jour de
Pâques (4). L'évêque de Langres a-t-il décidé, une
année, de « solenniser » la Saint-Joseph, une autre
année la Saint-Bernard ? La ville de Dijon enjoint
aux marchands de ne pas ouvrir, aux artisans de ne
point vaquer à leurs métiers, à peine de 50 livres
pour le pieux charpentier, de 20 sols seulement pour
le saint bourguignon (5). Un pâtissier n'a point tendu
et a laissé sa boutique ouverte sur le passage de la
procession de la Sainte-Hostie : amende, 20 livres (6).
Amende au tavernier qui a vendu pendant le service
divin, au charpentier qui a travaillé le jour du patron
de la confrérie, au sellier qui a travaillé le diman-

(1) Arch. Dijon, B 230 (1592-1593) ; B 252 (1613-1614) : un libraire
qui a ouvert boutique le jour Saint-Luc, 30 sols.
(2) Ibid., B 253 (1615-1616).
(3) Ibid., B 254 (1617).
(4) Ibid., B 278 (1640-41).
(5) Ibid., B 279 et 280 (1641-43).
(6) Ibid., B 255 (1617).

che (1). Mais c'est par milliers, ici, qu'il faudrait donner des références (2).

Le pouvoir communal pénètre à ce point dans l'organisme corporatif qu'il légifère sur le taux des salaires, comme, en matière commerciale, sur le prix des marchandises. — Notre première pensée serait que la commune intervient dans cette question pour garantir au compagnon une juste rémunération de son travail, pour le défendre contre les exigences des maîtres. Il n'en est rien. D'abord la commune n'est pas du tout, surtout à partir du seizième siècle, une institution démocratique. Si elle exerce sur les maîtres des métiers un pouvoir dont nous avons mesuré l'étendue, en revanche elle sort des corps de métiers. Ce sont les maîtres de ces métiers qui élisent les jurats, échevins ou consuls ; en certaines villes, la constitution communale déclare formellement qu'ils composent le corps électoral, et, en certaines autres, des ordonnances nées à l'époque moderne interdisent l'accès des fonctions municipales aux personnes « mécaniques ». Les corps municipaux se recrutent donc, au moins pour partie, dans l'oligarchie patronale et encore plus dans le patronat marchand que dans le patronat industriel. Ils se recrutent aussi dans la robe, grande ou petite, conseillers au Parlement, juges royaux, « gens du Roi », procureurs ou avocats. Tandis que les maîtres, devenus membres du pouvoir communal, servent les

(1) *Invent. Arch. Boulogne-sur-Mer*, 1024 (1659-1667), 1629 (1698-1700).

(2) Ouin-Lacroix, *Métiers de Rouen*, p. 53. — *Invent. Arch. Nîmes*, FF 27 (1768) : condamnation à 15 l. d'amende... pour avoir travaillé le jour de la Nativité de la Vierge.

intérêts de leurs confrères, les conseillers qui appartiennent au monde judiciaire représentent les intérêts du consommateur. La ville, d'ailleurs, considérée dans son ensemble, est tenue de prêter la plus grande attention aux vœux du consommateur, parce qu'elle est avant tout responsable de la police, c'est-à-dire du bon ordre, et que le mécontentement du consommateur se traduit en agitations turbulentes, en émeutes, dont les échevins sont parfois les premières victimes. — Or ces deux intérêts, celui des maîtres et celui de la masse des consommateurs, sont également hostiles à une politique de hauts salaires, qui diminuerait les bénéfices des premiers, qui, par l'élévation du prix des produits, augmenterait les dépenses des seconds. — Aussi la commune, tout comme les autres pouvoirs publics de l'ancien régime (1), agit-elle pour fixer un maximum des salaires et pour veiller à ce que ce maximum ne soit pas dépassé.

Dès la fin du quinzième siècle, nous voyons la ville fixer un salaire maximum. Prévoyant bien que, si la demande de bras devenait supérieure à l'offre, l'esprit de concurrence pousserait certains maîtres à faire aux ouvriers des conditions meilleures, elle menace de peines sévères ceux qui seraient « si osés » ou « si hardis » que de rémunérer le travail au-dessus du taux légal. En fait elle poursuit des patrons qui ont dépassé ce taux (2). Lorsque les compagnons

---

(1) *Ouvriers du temps passé*, 2e et 3e éd. pp. 93, 100-109.

(2) CHAPUIS, *op. cit.*, p. 205, tisserands de toiles de Dijon, 14-94: « Que doresnavant aucun maistres particuliers ne soyent si osez ne hardis de payer à aucuns ouvriers dud. mestier de tixerie ouvrans à leurs pièces, pour quelque ouvraige qu'ils saichent faire,

tentent de se coaliser pour relever les salaires, elle intervient pour les ramener au niveau qu'elle juge suffisant : « Cessant leurs débauches, dit-elle, ils ont moyen audit prix ès ouvrages qu'ils font, honnêtement gagner leurs vies, s'entretenir, et à la fin de l'année, usant d'épargne, trouver une somme d'argent en leurs bourses pour leur avancement (1) ». — En 1563, dans un faubourg de Beauvais, un industriel a établi une fabrique de draps. « Pour induire ses ouvriers à plus volontairement besogner pour lui en son hôtel », il a relevé cette partie du salaire qui se paie en nourriture : « Il leur baille quelques viandes et potages, que l'on soulait par ci-devant nommer les amendements ». Il était plus difficile à la commune d'intervenir que si l'augmentation avait porté sur un salaire-argent. Mais on avait une arme contre François Gymart : il était « noté de la nouvelle religion », il avait « longtemps demeuré en la ville de Genève », on tenait des assemblées chez lui. On pouvait donc feindre de croire qu'en « attirant à soi iceux ouvriers, il les pourrait convertir à être de sa secte », et sous ce prétexte on l'invite à moins de générosité (2).

Très rares sont au contraire les cas où certains maîtres, ayant été forcés de relever le salaire de leurs ouvriers, obtiennent que leurs concurrents soient soumis aux mêmes charges. Bordeaux, en 1694, nous

plus avant que du franc sept gros, sans leur en payer ne bailler aucune autre chose quelle qu'elle soit », sauf cependant « potaiges, feux et chauffaiges ». — A Cambrai (DUBRULLE, *op. cit.*, p. 194), c'est au Magistrat que l'on recourt en cas de conflit au sujet du repas payé par les desquierqueurs.

(1) Voy. nos *Compagnonnages d'arts e métiers*, p. 75.
(2) *Invent. Arch. Beauvais*, BB 21.

fournit un exemple de salaire minimum, fixé par une délibération corporative et homologué par la jurade (1).

De même que pour fixer le taux des salaires, la ville intervient dans la rédaction des règlements d'ateliers. Cela est presque superflu à dire, puisque nous avons vu que la ville homologue les statuts, et que tout statut renferme, plus ou moins explicitement, un règlement. Mais dans certaines villes de fabrique, particulièrement dans les villes drapières, nous voyons la commune s'occuper des plus petits détails, régler la composition, la longueur, la largeur des étoffes (2). C'est en raison même de cette surveillance que les pièces de drap portent, en guise de marque, les armes de la ville (3).

(1) *Arch. de la Jurade*, t. III, p. 370. Délibération des maîtres-cloutiers, réformant l'ancien usage abusif qui s'était glissé parmi les maîtres de donner à leurs garçons 3 deniers par repas pour leur pitance ; ils conviennent de leur donner un sol par repas, *sans pouvoir leur donner moins*, à peine de 30 l. d'amende. Ordonnance sur requête qui homologue la susdite délibération.

(2) *Invent. Arch. Narbonne*, AA 104, 4e thalamus, fo 198 (xvie s.) Ordonnance des consuls et prudhommes de la ville, rendue pour fixer les dimensions réglementaires des draps de la fabrique de Narbonne : « Ont ordenat que per far mesclatz de nombre seze, l'estela sia de detz palms et tres cartz de ung palm, de mesure de Montpelier de long... Per far drap ample dit trente, l'estelha sia de unze palms et ung cart de ladita mesura... Et apres es estat amandat par Mrs les consolz et ordenat que los teysseyres de ladita villa non fassan draps ditz mesclatz ny autres draps, que sian las armas de ladita villa, als penches de detz palms, et que non ayan a usar de autras penches, etc. » — *Invent. Arch. Beauvais*, BB 28 (1570) : règlement fait par les maire et pairs, après avis des drapiers-drapants ; défense de faire usage de laines défectueuses.

(3) Cette disposition s'étend à d'autres industries : vu la bonne qualité du pastel ensemencé et préparé par Gabriel Legrand, teinturier au faubourg d'Ouche, la ville de Dijon l'autorise à vendre par-

§ 8. *Fiscalité communale*. — Le véritable pouvoir, sous l'ancien régime, c'est celui à qui l'on paie. Fiscalité est signe de souveraineté. Ce critérium fiscal ne fait pas défaut à la puissance communale, et, si nous n'avions pas d'autres preuves de la domination qu'elle exerce sur les métiers, il nous suffirait de voir qu'elle perçoit des taxes qui sont, ailleurs, réservées au roi ou au seigneur. Son pouvoir réglementaire est générateur de droits utiles.

Les nouveaux maîtres paient à la commune un droit d'entrée, de même que les nouveaux apprentis. Faute d'avoir versé à la caisse municipale ce qu'il lui doit, le nouveau maître ne peut ouvrir boutique (1). Sur le total du droit de maîtrise, la ville prend généralement la moitié, l'autre moitié revenant au métier. C'est elle, d'ailleurs, qui fixe le taux de ces droits.

Ce pouvoir de tarification s'exerce plutôt en faveur des ouvriers que contre eux. Ici l'intérêt des consommateurs s'oppose à celui des maîtres en possession d'état ; il veut que l'accès à la maîtrise reste largement ouvert. Aussi la ville, malgré le profit qu'elle tire de toute élévation des droits, résiste-t-elle aux accroissements abusifs (2). — Le droit versé à la

tout où il voudra et même à apposer les armes de la ville sur les ballots expédiés au dehors.

(1) *Arch. de la Jurade*, t. II, p. 662 ; en 1527, les jurats défendent à deux maîtres de tenir boutique jusqu'à ce qu'ils aient payé les droits à la ville.

(2) CHAPUIS, *op. cit.*, p. 17 : les communautés de Dijon exigeaient des apprentis et aspirants, sous prétexte de nouvelles finances, des sommes supérieures aux règlements. Une délibération municipale du 21 janvier 1711 établit des tarifs et répartit à cet égard les métiers en quatre classes (avec, dans chaque classe, un tarif spécial pour

ville est parfois complété par une redevance payée au maire (1), ou à une institution de bienfaisance (2).

Redevances pour renouvellement des statuts, redevances pour l'apposition des plombs et des marques, parfois redevances annuelles (3), enfin amendes prélevées sur les contrevenants, on voit que les revenus industriels figurent en bonne place dans le budget communal (4).

§ 9. *La ville et les monopoles corporatifs.* — Une dernière question se pose : quelle est l'attitude du pouvoir communal à l'égard des monopoles corporatifs, de « l'exclusif » ?

L'exclusif est inscrit dans les statuts. Les statuts des jurandes font partie du droit municipal. Donc la ville s'engage à soutenir le monopole des communautés. Il est à remarquer que les ordonnances municipales ne sont pas, pour les travailleurs irréguliers,

les fils de maîtres, un autre pour les maris des veuves de maîtres). La même délibération fixe, pour chaque classe, les droits à payer pour chacune des quatre visites annuelles. Ces tarifs ne pourront être modifiés que par une assemblée générale desdits corps de métier, après homologation de leur délibération par la chambre.

(1) BOISSONNADE, *op. cit.,,* t. II, p. 327. A Poitiers, les nouveaux maîtres boulangers paient au maire 20 sols, à la ₁mairesse 4 écus, une pistole, un plat et une boîte d'oublies. — A Niort, les maîtres ciergiers reçus dans l'année doivent 30 torches de cire pour les processions.

(2) *Invent. Arch. Nevers,* BB 28 (1670) : sommes qui seront payées à l'hôpital général par... chacun maître de métier tenant boutique en cette ville et faubourgs (27 métiers énumérés).

(3) Niort (BOISSONNADE, *loc. cit.*).

(4) Sans parler ici des droits d'accise levés sur les produits de l'industrie, par exemple pour payer les emprunts imposés aux municipalités par le roi. Ces levées ne se font pas, d'ailleurs, sans soulever bien des résistances (voy. BOISSONNADE, *Soulèvements populaires en Poitou*).

plus tendres que les statuts purement corporatifs, élaborés dans les villes sans mairie. La ville est, d'ordinaire, aussi ardente que les jurés eux-mêmes à défendre le monopole du métier contre ces irréguliers. Il lui arrive d'être plus sévère que les jurés, de sévir là où ils fermeraient peut être les yeux (1). A plus forte raison est-elle disposée à agir quand les jurés viennent lui dénoncer des *chambrelans* (2). Elle ne veille pas moins à maintenir une stricte distinction entre les métiers. On doit même noter qu'elle ne

(1) *Arch. de la Jurade*, t. II, p. 642 (1527) : au su des bayles-tailleurs, mais sans avoir autrement permission d'eux ni de MM. les jurats, un garçon tient boutique ouverte au nom du fils mineur d'un feu maître tailleur ; un jurat se transporte à la boutique et la fait fermer.

(2) Chapuis, *op. cit.*, p. 243, ordonnance du vicomte-mayeur sur les gantiers de Dijon (il est à noter qu'il n'y a que cinq maîtres, c'est donc un monopole très étroit) : « Et pour ce que plusieurs valletz servans dud. mestier, vacabons et autres, pourroient venir demander à besoigner en ceste ville à autres que aux maistres dud. mestier ou pourroient faire ouvraige en chambre qu'ils pourroient faire de meschans cuyrs et faire meschans ouvraiges, lesquels ils pourroient vendre sans visitation et sceu desd. maistres... » — Arch. Dijon, B 263 (1625) : défendu à tous, hormis aux pâtissiers, de vendre des gâteaux et galettes de pâtes non levées, sous peine d'amende arbitraire et confiscation de marchandise. — Arch. Montpellier, HH 3 (1670). Les maîtres pareurs de draps dénoncent aux consuls des compagnons qui travaillent en boutique ouverte. Les accusés répondent que c'est par pure vexation, qu'on veut les priver du moyen de gagner leur vie et celle de leur famille, qu'ils usent de droits à eux cédés par des maîtres qui ont abandonné le métier et par des veuves de maîtres. Rien n'y fait. En vertu de leur droit et en considération des précédents, les consuls font défense aux compagnons de tenir boutique secrètement ni ouvertement. — *Invent. Arch. Nantes*, FF 59 (1724), FF 78 (1756), FF 86 (1767), poursuites devant le siège de police contre des chambrelans, et aussi contre des maîtres qui ont reçu des compagnons non pourvus de l'acquit du précédent maître.

permet pas plus aux métiers libres qu'aux métiers jurés d'empiéter sur leurs voisins (1). Elle va jusqu'à exiger que cette distinction des métiers entre eux s'affiche par des signes extérieurs, par exemple par la couleur des boutiques (2).

Mais si les villes défendent avec énergie les prérogatives des corps en possession d'état, en général elles sont médiocrement favorables à l'érection de nouveaux corps. C'est là un fait que nous avons déjà eu l'occasion de signaler. Nous savons aussi que, si le monopole des jurandes devenait abusif, si l'élévation anormale des prix inquiétait les consommateurs, si les difficultés d'accès à la maîtrise menaçaient, en écartant les artisans, de diminuer le chiffre de la population urbaine, les villes n'hésitaient pas à réprimer les excès des maîtrises, à suspendre momentanément le monopole en faveur des ouvriers forains, et quelques-unes d'entre elles allaient jusqu'à proclamer la liberté du travail (3). Or, nous ne l'ignorons pas, liberté du travail voulait dire sur-

(1) *Invent. Arch. Chalon*, FF 14. Réprimande à Pierre Denis, maçon, pour avoir, n'étant pas du métier de carreleur-blanchisseur, carrelé en la maison de... — Défense à tous cuisiniers et autres qui ne sont point pâtissiers reconnus, d'apprêter, façonner, exposer en vente ni vendre pâtés, saucisses et hâtereaux.

(2) Arch. Dijon, B 238 (1600) : sur requête des jurés orfèvres, la chambre enjoint à un « horlogeur de faire verdir la cage de sa boutique », afin qu'elle ne puisse être confondue avec celle des orfèvres.

(3) Voy. nos études sur *les Divers modes d'organisation du travail* et sur *l'Organisation du travail à Dijon*. Exemple de suspension temporaire du monopole, Arch. Dijon, B 179 (1535) : la mairie, informée que les couvreurs avaient résolu d'augmenter leur prix afin de profiter des dégâts causés par la grêle, autorise tous les couvreurs étrangers à venir travailler à Dijon.

tout, dans les villes de mairie, municipalisation du travail. Tandis que, dans le système corporatif, le pouvoir municipal ne s'exerce d'ordinaire sur la classe industrielle que par l'intermédiaire de la jurande, en régime libre ce pouvoir agit d'une façon plus immédiate et plus absolue.

En résumé, dans les villes de commune, le droit au travail nous apparaît comme un privilège concédé par l'autorité communale. Le monde industriel relève de la juridiction échevinale et de la police urbaine. C'est la ville qui édicte les statuts ou qui leur donne force de loi, c'est elle qui réprime les contraventions et tranche les conflits, c'est elle qui nomme ou agrée les chefs du métier, c'est sous sa surveillance que se recrutent les corps de métier ; elle fixe les tarifs d'apprentissage ou de maîtrise, détermine le taux des salaires et les conditions du travail. Le nom qui convient le mieux à ce régime, c'est celui de « socialisme municipal ».

Telle est la théorie. Telle nous la voyons s'exposer dans les préambules des statuts, dans les procès-verbaux de saisie, dans les rapports des échevins ou les conclusions des procureurs-syndics. Mais rien n'est aussi délicat que d'apprécier, sous l'ancien régime, ces questions de compétence. Il est rare qu'un pouvoir ait une sphère d'application bien nettement délimitée. Ou du moins les sphères d'application des divers pouvoirs se recoupent les unes les autres, et cherchent à grandir aux dépens de leurs voisines.

Théoriquement, le droit de la commune en matière d'organisation du travail est illimité. Mais il est d'autres juridictions, égales ou supérieures, dont le droit peut faire échec au droit de la commune. Ce

droit n'est pas supprimé par cette intrusion d'une
autorité extérieure, il est suspendu. De là, dans la
pratique, naissent des situations extrêmement complexes, une confusion de rapports sur laquelle, en
étudiant ces juridictions rivales de la juridiction
communale, nous tenterons de donner quelques
clartés.

II. — LE POUVOIR SEIGNEURIAL ET LES MÉTIERS.

« Donc de la police du baron ou chastelain dépend
d'avoir corps de métiers en sa ville, d'y faire eslire
chacun an des jurés, visiteurs et gardes de chacun
mestier, qui soient tenus par certains temps rapporter et affirmer devant le juge ordinaire des visitations qu'ils auront faites chez chacun maistre de
leur mestier, et en faire rapport. Et surtout il appartient au baron, à l'exclusion du haut justicier, de
faire des statuts et règlemens de chacun mestier... »

Ce texte de Loyseau (1) indique bien quelle est en
théorie — du moins avant les édits de 1581 et 1597
— l'extension de la juridiction seigneuriale en matière industrielle. Nous devons d'autant moins nous
étonner de cette extension que c'est en vertu de cette
même théorie que les communes, seigneuries col-
lectives, exercent les droits dont nous les avons
vues gratifiées. Pour le seigneur aussi, le droit de
surveillance sur les métiers est une extension de ses
droits généraux de police, et comme un démembrement de son ancien droit domanial (2).

(1) *Seigneuries,* p. 49.
(2) GIFFARD, *Justices seigneuriales en Bretagne*, p. 130 et ss. Elles

Ce qui achève de compliquer les choses, c'est qu'on ne saurait diviser absolument en villes de commune et villes seigneuriales les villes qui ne sont pas royales. Les chartes ont souvent laissé coexister avec l'autorité communale une autorité seigneuriale plus ou moins étendue. Entre ces deux pouvoirs, les partages sont difficiles, et les frontières mal établies : tantôt c'est un quartier, tantôt un groupe de métiers qui restent soumis à la juridiction du suzerain ; ailleurs, c'est telle modalité de la vie artisane, réception, nomination de jurés, etc., qui ressort à la compétence de son bailli ou de son procureur-fiscal. Et il peut y avoir plusieurs seigneurs, en plus de la seigneurie collective que forme la mairie, dans une seule et même ville. Il faut donc parler moins de l'organisation du travail dans les villes seigneuriales, que tout simplement de l'autorité seigneuriale sur les métiers.

Il semble que les seigneuries ecclésiastiques aient été particulièrement âpres à défendre leurs droits contre les empiétements soit des agents royaux, soit des autorités municipales — à moins que cette impression ne s'explique par le meilleur état de conser-

---

ont juridiction sur les vendeurs de denrées, sur les poids, mesures et balances. A Saint-Brieuc, les juges de l'évêque, assistés par un roi des boulangers et un roi des poissonniers, font la taxe du pain, l'apprécis du blé, etc. Ils règlent la boucherie du carême, l'exportation des grains, la visite des greniers, « prennent encore les mesures nécessaires pour la sécurité et la santé publique, surveillent les barbiers, chirurgiens, médecins et étuvistes... Ils interviennent... dans les questions... de commerce, d'industrie, d'approvisionnement... » — Cf. BOISSONNADE, *Organisation du travail en Poitou*, t. II, p. 267. Il va de soi que nous n'avons pas l'intention d'entrer ici dans les interminables discussions soulevées au sujet du *Hofrecht*.

vation des archives de ces seigneuries. Celles de
Reims fourmillent d' « arrêts obtenus par les échevins de Reims, confirmatifs de la juridiction dudit
échevinage », à l'encontre du bailli de Reims, c'est-
à-dire de l'officier de l'archevêque, lequel se prétendait en possession immémoriale de toute juridiction
« en toutes matières civiles et criminelles des bourgeois de Reims (1) ». En fait, et malgré la tendance
du Parlement à favoriser l'échevinage, c'est le bailli
qui donne aux métiers leurs statuts, c'est le procureur-fiscal de l'archevêque-duc qui est chargé de
faire les informations sur les abus introduits dans
les anciennes jurandes et sur l'érection des nouvelles.
Les édits de 1581-1597 ne paraissent pas avoir sérieu-
sement modifié cet état de choses (2).

De même c'est au bailliage et pairie de Châlons
qu'un arrêt du Conseil reconnaît, en 1644, le droit

---

(1) *Arch. de Reims*, II, p. 28, année 1541. Il s'agit d'un tisserand
de toile.

(2) *Ibid.*, p. 144, n. 2 (1561) : « ...seront tenus... observer et entretenir lesd. statuts et ordonnances ès termes et juridiction desd. seigneurs du chapitre », lesquels ont leurs droits à côté de celui de
l'archevêque. — *Ibid.*, p. 211 (1570), cordiers : c'est au bailli de
Reims qu'ils s'adressent pour avoir des statuts. P. 219 (1571), pain
d'épiciers. P. 226 (même date), estaminiers. P. 238 (1573), transac-
tion entre les cordonniers et les savetiers « par-devant M. le bailly
de Reims ». P. 264 (1574), mégissiers : « Le procureur fiscal de
l'archevesché-duché de Reims remontra à nous... bailly de Reims,
qu'il auroit entendu de plusieurs mégissiers de cette ville que audit mestier se commettoient grands abus... ». P. 278 (1581), maîtres
marchands-bonnetiers : statuts concédés par le bailli de Reims,
après avoir appelé les maîtres et maîtresses ; détails de l'information « et conclusions du procureur-fiscal ». P. 296 (1581), tixerans
de toile ; en 1604 (p. 302), c'est encore au bailli qu'ils s'adressent
pour modifier leur règlement. P. 315 (1582), buffetiers-vinaigriers.
P. 336 (1588), vanniers, etc.

de recevoir « tous les aspirants aux maîtrises des
arts et métiers de ladite ville, même ceux qui pour y
parvenir pourraient avoir obtenu lettres de Sa Majesté ; dont la connaissance appartiendra audit bailli
dudit sieur évêque, sauf par après à faire enregistrer
lesdites lettres royales de maîtrise au greffe dudit
bailliage et siège présidial (1) ». On voit à quoi se
réduit ici, même en matière de lettres concédées par
le roi, le rôle de la juridiction royale. Seules, les communautés érigées par « brevet du roi » dépendent
du bailliage royal, et il faut attendre la reconstitu-
tion des jurandes sous Louis XVI pour voir ce régime étendu, au moins en principe, à toutes les communautés rémoises (2).

(1) *Invent. Arch. Marne.* C 482, arrêt du 15 avril. — *Ibid.*, C 483
(s. d., mais postérieur à 1740) : « Le bailli de la pairie de Chalon
chargé de la police de tous les arts et métiers de la ville ».

(2) *Ibid.*, C 482 (1777). Ce texte rend bien compte de l'inextricable enchevêtrement des juridictions, et de la fréquence inévitable des conflits : « Les fonctions de la police sont partagées [à
Châlons] entre le lieutenant-général du bailliage royal et les différents juges des 'seigneurs haut-justiciers, au nombre de sept en
cette ville. Le juge royal a, de tout temps, la prévention sur ces
juges de seigneurs, autres que ceux de la pairie, dont la seigneurie peut comprendre environ le tiers de la ville. De tout temps,
toute communauté érigée par brevets du roi, telles que imprimeurs, libraires, perruquiers, chirurgiens et autres, ont été sous
l'inspection seule du lieutenant général pour leur réception et serment, et ses justiciables pour affaires quelconques concernant leur
état et profession ; les autres communautés prétendues, la plupart
ainsi dénommées abusivement, rassemblées en corps par l'autorité
seule des juges des seigneurs, obtenaient d'eux, chaque membre
dans leur district, la permission d'ouvrir boutique, et prêtoient
devant eux un serment qu'ils ne devoient point. Un nouvel ordre
est établi aujourd'hui par l'édit du roi. Formées par l'autorité royale,
chaque membre pourvu d'un brevet royal, toutes ces communautés
sont donc aujourd'hui à l'instar de celles des imprimeurs, libraires

A Beauvais, c'est également le bailli du comté-pairie qui est « juge général de police et des manufactures », convoque ou permet de convoquer les assemblées, prononce sur les saisies, condamne les chambrelans. Ici, les édits de 1777 n'ont même rien innové, et le droit de l'évêque-comte persiste jusqu'à la création des nouvelles municipalités (1).

Ne croyons pas que ces prérogatives soient spéciales à ces importantes seigneuries que sont les duchés-pairies ou les comtés-pairies ecclésiastiques ; assurément les titulaires en sont de gros personnages, que la royauté peut avoir intérêt à ménager. Mais les juridictions laïques, le siège ordinaire du comté de Laval (2),

---

et perruquiers... » On le voit, la lutte n'avait d'abord été dirigée qu'à l'encontre des multiples juridictions seigneuriales autres que la pairie ; la suppression des communautés, en faisant table rase, permet enfin d'en construire de nouvelles, toutes également de droit royal.

(1) *Invent. Arch. comm. Beauvais*, HH 11 (1660-61) : rapport sur une enquête ordonnée par le procureur fiscal du comté de Beauvais ; requête d'un maître serger et d'un drapier sur l'introduction à Beauvais d'une manufacture d'étoffe dont ils ont obtenu permission de M. le bailly de faire des épreuves. *Ibid.*, 19 (1777-1779), assemblées convoquées par le bailli dans une salle du palais épiscopal, où se tiennent les audiences du bailliage. *Ibid.*, 20. — *Ibid.*, 21 (1789) saisie par les gardes de trois balles de laine, poursuite, sentence du bailli. *Ibid.*, 24 : Registres des délibérations des marchands-merciers (1778-89).assemblées convoquées par permission du bailli (et après le 10 juin 1790 par permission des officiers municipaux). *Ibid.*, 30 (27 mai 1789 : sentence du bailli du comté qui condamne un nouveau membre de la communauté des tailleurs et fripiers à payer les droits d'entrée). — *Ibid.*, 32. — *Ibid.*, 44 (1733-78), assemblées des serruriers, « convoquées par permission du bailli du comté-pairie ».

(2) *Inv. Arch. Mayenne*, B 481 (1786) ; sentence contre deux potiers d'étain qui voulaient troubler un de leurs concurrents, Suisse de nation, dans l'exercice de sa profession, du même genre que la leur. — 484 (1770), la communauté des marchands contre un mar-

le bailliage seigneurial d'Ernée (1), la sénéchaussée de la baronnie de Craon (2), la baronnie de Saint-Lô, nous apparaissent pourvus des mêmes droits, exerçant les mêmes pouvoirs. Réceptions de maîtres; nominations de jurés ; octroi, renouvellement, modification de statuts ; conflits entre communautés ; police des compagnons ; tout est de leur compétence (3).

chand-perruquier. — 859 (1720-26), réceptions de maîtres ; *id.*, 863 (1750-53) ; 864 (1753-59). — 868 (1782-84) et 869 (1784-90) : réception à divers métiers, nomination de syndics et adjoints de communautés. — 892 (1674-1720), *Police des corporations et affaires commerciales :* procès entre les communautés ; projet de règlement pour les couvreurs, etc. (même rubrique jusqu'à la cote 922). C'est le juge de police qui fait (B 893, année 1721) l'essai des grains, nomme les jurés peigneurs et cardeurs, reçoit les jurés sergers, recueille (894, a. 1722) les avis des maire et échevins sur le projet de statuts des cordonniers. — 896 (1724), enquête sur les vie et mœurs d'un candidat-imprimeur ; avis des officiers de police du comté sur les modifications à apporter aux statuts des peigneurs et cardeurs. — 897 (1725). — 901 (1729) : inspection faite chez des teinturiers par le juge de police et maire perpétuel de Laval, assisté du procureur fiscal, de l'inspecteur des manufactures de toiles (à noter l'intervention de cet agent du pouvoir central, de deux anciens grands-gardes de la communauté, etc. Voy. encore 623-933, *Police des manufactures*, puis 940 (1676-1790). — 945 (1761-65), ordonnance défendant aux compagnons menuisiers et autres de faire aucune confédération entre eux et maltraiter ceux qui n'en feraient pas partie, et les sommant de porter respect à leurs maîtres. — 980 (1680-93), sentences rendues en matière de simple police, de police des corporations et manufactures.

(1) *Arch. Mayenne*, B 1680 (1736-37), ordonnance du bailli interdisant de tenir boutiques ouvertes dimanches et fêtes. — B 1688 (1735), réception d'un barbier-étuviste.

(2) *Arch. Mayenne*, B 2980 et ss. — *Inventaire du conseil de commerce*, p. 1291 (1724) : procès entre la ville et la baronnie de Saint-Lô, au sujet de la juridiction des manufactures.

(3) BOISSONNADE, *op. cit.*, t. II, p. 269 : « Partout en Poitou, même à la veille de la Révolution, ils [les seigneurs] font des ordonnances,

Inutile d'ajouter que ces droits sont des droits utiles. Taxe de maîtrise ou de collation des statuts, amendes, etc., enrichissent la caisse seigneuriale. « L'exécution des ordonnances royales relatives à la circulation des blés et à l'application des règlements édictés depuis Colbert, remarque M. Boissonnade, est aussi confiée aux juridictions seigneuriales, qui s'exercent partout d'ailleurs dans un intérêt fiscal (1). »

Inutile aussi d'ajouter que nous verrons les droits des seigneuries, comme ceux des communes, incessamment minés par les empiétements du pouvoir royal.

III. — LE POUVOIR ROYAL ET L'ORGANISATION DU TRAVAIL.

« Or, disait aux *grands jours* tenus à Lyon en 1596 l'avocat des drapiers de cette ville, or puisque les juges ordinaires ne font point de statuts perpétuels, les officiers de cette ville estimèrent qu'il fallait mettre la dernière main à ces statuts et arrêts, et

après avoir consulté les syndics et principaux habitants, sur le commerce... Ils déterminent les conditions d'exercice des divers métiers... Ils exercent ce pouvoir réglementaire, soit par eux-mêmes, soit par l'entremise de leurs sénéchaux... » Ils partagent parfois ce pouvoir avec les corps municipaux. « L'autorité seigneuriale a tout pouvoir pour concéder aux communautés le monopole de la jurande... » Cette autorité s'est maintenue « dans 300 paroisses sur 540 de la seule sénéchaussée de Poitiers ».

(1) Id., *ibid.*, p. 273. Il est curieux (p. 280) que les intendants n'osèrent pas supprimer le droit seigneurial sur les poids et mesures.

pour les autoriser ils obtinrent lettres du roi sous leur nom (1)... »

On voit ici que la puissance législative des seigneurs ou des communes, pour étendue qu'elle soit, n'est pas une puissance parfaite. Elle ne peut créer que des établissements précaires, et la sphère où elle se meut est comprise à son tour dans une sphère plus vaste. C'est ce que Loyseau exprime en disant qu' « on a estimé autrefois » — c'est-à-dire avant les édits de 1581-1597 — « les mestiers jurés ne pouvoir être établis ès villes des seigneurs sans permission du Roi... (2) ». En réalité, les pouvoirs locaux font bien des statuts, de leur autorité privée ; mais ils prennent de bonne heure cette précaution de les faire confirmer par lettres-patentes. L'homologation royale est une garantie qu'ils s'assurent, et qu'ils assurent aux collectivités intéressées, contre les revendications possibles des tiers (3). C'est en même temps, l'avocat de 1596 nous le disait, un moyen pratique d'assurer à ces établissements la pérennité ; pérennité toute relative, puisque le nouveau souverain peut toujours exiger que l'on sollicite de sa grâce, et à deniers comptants, le renouvellement des concessions octroyées par ses prédécesseurs. Il semble

(1) *Revue bourguignonne*, t. XIII, p. 40.
(2) *Seigneuries*, p. 49.
(3) Bordeaux, *Arch. de la Jurade*, t. III, p. 240 ; statuts des chaudronniers approuvés par les jurats le 3 mars 1627 ; lettres-patentes de novembre 1627 ; enregistrement au Parlement, janvier 1628 ; les arrêts et lettres enregistrés par la ville, février 1628. Même procédure pour le renouvellement de ces statuts en 1686.— *Ibid.*, t. II, p. 170, renouvellement des statuts des maîtres-bonnetiers en 1713. —*Ibid.* t. III, p. 161, statuts des charpentiers de haute futaie, 1714, p. 371, des cloutiers, même date.

que la création d'une communauté jurée soit assimilée à ce qu'était autrefois la création d'une commune, c'est-à-dire considérée comme un *abrègement
de fief*, et soumise en tant que telle à l'appréciation
et au consentement du pouvoir suzerain. Aussi le roi
finit-il par revendiquer le droit de confirmation. Et
les pouvoirs locaux ne concèdent plus de nouveaux
statuts aux intéressés sans faire figurer dans leur
concession la clause significative : « à la charge par
eux de se pourvoir devers S. M. pour obtenir ses
lettres-patentes de confirmation ».

Suzerain, le roi est en même temps souverain.
Non seulement, dans les villes royales, c'est lui seul,
sans intermédiaire, qui légifère directement sur l'industrie, crée ou détruit des maîtrises, édicte ou modifie des règlements (1), mais son pouvoir peut
s'exercer aussi dans les villes seigneuriales ou communales, en passant par-dessus la tête des pouvoirs
locaux (2). Le roi ne supprime pas ces pouvoirs, il ne

(1) Bourgeois, *Métiers de Blois*, t. II, p. 103 (11 avril 1527), avis
du conseil sur la requête des corroyeurs de Blois : « Le conseil est
d'avis que le Roy, sy ce est son bon plaisir, doibt ordonner led•
mestier de conroieur estre mestier juré en lad. ville et banlieue de
Blois » et approuver les statuts annexés à lad. requête. Le roi en
décide ainsi « à la relation de son conseil ». *Invent. Arch. Maine-et-
Loire*, E 4421 (1570), poêliers d'Angers.

(2) Voici quelques exemples de ces empiétements. *Arch. Ville de
Reims*, t. II, ii, p. 26 (1535), corroyeurs et tanneurs : « *Lectres d'édit
portant règlement*. François... comme... les tanneurs de nostre ville
de Reims nous eussent présenté leur supplication et requeste... »
Ibid., p. 191, n° 1 (1569) ; « Charles...après avoir fait veoir en nostre
conseil la requeste à nous présentée en iceluy par... les marchands
chaussetiers... de Reims... » *Ibid.*, 405 (1606) : « Statuts et reglemens donnez par le roy, nostre sire aux maîtres tonneliers de la
ville et faubourgs de Reims ». *Ibid.*, p. 500 (1039) : Procès-verbal
d'une réunion des maîtres merciers : « pour n'y avoir règlement

leur fait pas échec, il ne limite pas, au sens strict
du mot, ces prérogatives, il se contente de les igno-
rer momentanément, parce que son droit est supérieur à tout droit particulier. Son initiative peut
s'exercer de deux façons (1) : ou bien il peut pro-
mulguer des ordonnances d'ordre général, dont les
types les plus connus sont celles de 1567, 1577, 1581,
1597, et les ordonnances de Colbert ; ces ordonnances, en vertu de conceptions élaborées dès le seizième siècle, sont applicables à toutes les parties du
royaume, que ces parties soient médiatement ou
immédiatement sous la main du roi ; ou bien, il peut,
« en vertu de sa pleine puissance, parfaite science
et grâce espéciale, » conférer, par un acte d'autorité
souveraine, des privilèges particuliers à un individu
ou à une collectivité, même si cet individu ou cette
collectivité se meuvent dans une sphère féodale inférieure. Le roi peut, par un de ces actes de « bon
plaisir », exempter un de ses sujets de l'observation
des règlements sur les métiers. Le roi, même dans
une ville où la police industrielle dépend de l'autorité seigneuriale ou communale, peut ériger une communauté jurée. Il a généralement pour complices
les maîtres eux-mêmes qui, désespérant d'obtenir
des pouvoirs locaux leur constitution en jurande,
prennent le parti de s'adresser tout droit au Conseil.

entre eux... gardes et maîtres jurez », ils présentent « requête à
M. le bailly de Vermandois ou son lieutenant au siège royal et présidial... Statuts... lesquels ils supplient humblement S. M. vouloir
autoriser et émologuer... » Lettres patentes de janvier 1640. —
Arch. de la Jurade de Bordeaux, t. II, p. 652 (1685) : les bayles-bou-
tonniers signifient à un maître « des lettres qu'ils ont surprises
de S. M. ».

(1) BOISSONNADE, *op. cit.*, t. II, p. 361.

Là encore, le roi ne supprime pas le droit seigneurial ou communal ; mais, par une intervention exceptionnelle, il introduit dans la trame de ce droit un élément nouveau. Il agit sur ce droit, qu'on nous passe l'expression, par une série discontinue de fulgurations.

Peu à peu se constitue une théorie que M. Boissonnade résume dans les termes suivants : « Le roi se considère comme le propriétaire éminent de tous les métiers... Il se croit, par ses fonctions elles-mêmes, tenu de régler la police intérieure des communautés, de déterminer les conditions de la production industrielle et de la circulation commerciale, de fixer même les taux des salaires et le prix des produits (1). »

Cette théorie, qui trouvera dans l'édit de 1581 son expression définitive, ne s'appliquait guère au début que dans les anciens domaines des Capétiens ; mais elle a été progressivement étendue à tout le royaume, comme les autres prérogatives des rois, par de « lents progrès dus surtout au zèle de leurs officiers, sénéchaux et prévôts (2) ».

Car la question législative se lie à la question de juridiction et de compétence. L'autorité qui pose des règles de droit est aussi, sous l'ancien régime, celle qui connaît de la violation de ces règles. C'est là un principe qui devrait limiter la compétence royale aux communautés qui ont reçu du roi leurs statuts. Mais les agents de la royauté ont bien des moyens à leur disposition pour restreindre la sphère d'appli-

(1) Boissonnade, *op. cit.*, t. II, 359.
(2) Id., *ibid.*

cation des juridictions particulières : ils ont naturellement l'appel ; ils usent également de l'évocation parce que, les statuts étant homologués par lettres-patentes, tout affaire qui intéresse les métiers peut être transformée en cas royal. D'ailleurs, toute question industrielle est une question d'intérêt public, et bien souvent aussi d'ordre public : qu'il s'agisse soit du renchérissement des denrées, ou produits de première nécessité, soit d'une coalition ou mutinerie, le roi, défenseur-né du « commun profit », garant attitré de la paix publique, est qualifié pour intervenir (1). « Car il est certain, disent en 1696 les officiers du bailliage de Vermandois, que les articles, statuts et règlements faits pour la discipline de chacune communauté, art ou métier, font une dépendance de la police générale (2). »

Enfin le roi est investi, vis-à-vis de tous les autres pouvoirs publics, d'un droit supérieur et antérieur de « prévention ». Il peut laisser, et en temps ordinaire il laisse dormir ce droit entre les mains de ses agents. Mais il peut, et surtout ses agents peuvent à tout instant le réveiller, car « la prévention, dit la théorie royale, est imprescriptible ». Quelle que soit donc la juridiction compétente pour juger les affaires d'un métier donné, les officiers du roi peuvent toujours « prévenir » cette juridiction, la gagner de vitesse.

Cette double mainmise — législative et juridique — sur l'industrie est favorisée, à partir de la fin du quinzième siècle, par tout le développement écono-

(1) Boissonnade, *ibid.*, p. 369.
(2) *Arch. Reims*, t. III, iii, p. 3, n° 1.

mique de l'État moderne. Sans donner ici autre chose qu'un simple crayon de cette situation nouvelle, rappelons que la disparition de la féodalité apanagée, l'établissement d'une relative sécurité intérieure, l'amélioration de la viabilité, enfin la constitution d'une administration centralisée et d'une politique monarchique ont fait de la France, entre l'avènement de Louis XI et celui de François Ier, une unité économique. A l'ère de l'économie locale a définitivement succédé pour elle, comme pour l'Angleterre des Tudors, l'ère de l'économie nationale. Déjà, malgré les obstacles apportés à la circulation de certaines marchandises ou denrées, se constitue un marché intérieur. Et déjà les transactions avec l'étranger ne sont plus considérées comme les échanges d'un particulier français, ou d'un groupe de Français, avec un ou des étrangers. On a l'idée d'une collectivité nationale qui négocie, en bloc, avec d'autres collectivités, qui s'enrichit ou s'appauvrit suivant que la balance des échanges lui est ou ne lui est pas favorable. A la royauté, chef de cette société économique aussi bien que de la société politique, revient la mission, et par conséquent le droit, de diriger l'activité nationale dans le meilleur sens, de prendre les meilleures mesures pour accroître le compte créditeur, pour diminuer le compte débiteur de la France. Le mercantilisme, qui nous apparaît comme une des faces de la constitution de l'État moderne, entraîne cette conséquence nécessaire de l'intervention de plus en plus minutieuse du pouvoir central dans le fonctionnement de l'industrie. Cette intervention se produit naturellement dans le sens de l'unification, car il est bientôt admis que, s'il est plusieurs modes d'organisation du travail, il y en a un qui est, pour chaque industrie, le meilleur, et celui-là doit être appliqué partout, si l'on veut donner à chaque groupe industriel le maximum de rendement (1). Et comme, par hypothèse, l'organisation qui s'est développée sous les yeux du roi, dans la capitale, est la plus parfaite, c'est sur le type parisien que se modèlent en général les métiers de création royale.

Ajoutez que l'État moderne est un État toujours besogneux. Pour suffire aux obligations de plus en plus lourdes dont il se charge, il est fatalement amené à dériver vers ses caisses des filets d'eau empruntés à toutes les sources de la richesse publique. L'industrie est une de ces sources. Nous avons vu qu'elle était, pour la commune ou pour le baron, génératrice de droits utiles. Elle l'est aussi pour la royauté. Ni l'octroi des statuts, ni la concession des privilèges, ne sont gratuits. La royauté prend sa part des droits levés sur les nouveaux maîtres, sa part des amendes. Lorsqu'elle impose sa juridiction, c'est parce que juridiction est en partie synonyme « d'exploitation fiscale » ; si elle a discipliné l'industrie, c'est pour mieux la fiscaliser (2).

(1) De là vient que les nouvelles communautés sont généralement organisées par voie de filiation. Voici quelques exemples où l'on ne copie pas directement Paris, mais de grandes villes voisines. Bourgeois, *Mél. de Blois*, II, p. 243 (1593) : Les maîtres selliers de Blois demandent au roi de leur accorder des statuts « à l'instar de la ville de Tours et autres villes jurées de ce royaume ». Mandement du 26 décembre 1593. — *Invent. Arch. Maine-et-Loire*, E 4408 (1602), corroyeurs de Saumur : lettres patentes de Henri IV leur conférant des « statuts et privilèges à l'instar de ceux dont jouissent les ouvriers du même état à Angers ».

(2) Sur l'évolution analogue qui se produit au seizième siècle en

Élaborée au seizième siècle, définitivement constituée sous Henri IV (1), la théorie royale et mercantiliste de l'économie nationale s'achève au dix-septième siècle. Avec Louis XIII, c'est-à-dire avec
Richelieu, commence l'absorption systématique par
la royauté des droits de haute justice des communes :
dans ce mouvement général de restriction des franchises municipales, la police industrielle subit le sort
commun, et nous voyons de plus en plus les questions de métiers réglées par des édits, qu'enregistrent
les Parlements (2). Même lorsqu'une ville veut réaliser, pour un temps plus ou moins long, la suppression des maîtrises, elle sollicite à cet effet des lettres-
patentes (3).

Richelieu, dont on a trop négligé le programme
économique, Richelieu a lu l'*Advis au roy* de 1614 (4),

Angleterre, voy. Cunningham, *Growth of English industry*, t. II,
ch. i-iii.

(1) G. Fagniez, *l'Économie sociale de la France sous Henri IV*.

(2) L'impression que me donnent à cet égard les Archives de la
Côte-d'Or et les Archives communales de Dijon s'accorde avec le
jugement porté sur cette période par M. Boissonnade, II, p. 411 :
« période de despotisme intermittent dominé par les inspirations
d'une fiscalité aux abois. La tradition centralisatrice s'affirme. La
tendance déjà très marquée vers l'organisation des métiers libres
en métiers jurés sous la tutelle royale, et sur le modèle des corporations parisiennes, se manifeste toujours ». *Ibid.*, pp. 413-414.

(3) *Revue bourguignonne*, t. XIV.

(4) *Advis au Roy des moyens de bannir le luxe du royaume, d'establir un grand nombre de manufactures en iceluy, d'empescher le
transport de l'argent et faire demeurer par chacun an dans le royaume
près de cinq millions d'or, de sept millions ou environ qui en sont
transportez. Et en affaiblir d'autant certains estrangers...* 1614 (Archives curieuses, 2ᵉ série, I, p. 431). Plagié sans vergogne par Montchrestien, à moins que Montchrestien (dont le livre paraît en 1615)
ne soit l'auteur de cet *Advis* où il aurait, hypothèse très vraisem-

le traité de Montchrestien et celui de la Gomberdière (1). On retrouve les idées de ces auteurs dans
le *Testament* du cardinal (2), on les retrouve dans
les tentatives, malheureusement à peine ébauchées,
qu'il fit pour « établir un grand nombre de manufactures et empêcher le transport de l'argent » hors du
royaume (3), et aussi fournir du travail aux sujets
du roi. C'est dire que malgré beaucoup d'incerti-
tudes et d'incohérences, qui tiennent à la situation
même au milieu de laquelle il se débattait, il est le
véritable metteur en œuvre du mercantilisme réglementaire. Colbert n'a fait que le continuer.

Nous serons bref sur cette période mieux connue (4).
Mais il importe de nous arrêter sur un document qui
paraît en contradiction avec tout ce que nous avons
dit jusqu'ici. Je veux parler du règlement d'août
1669, par lequel la juridiction sur les manufactures,
en première instance, était attribuée aux maires et
échevins des villes (5). Non seulement Colbert res-

blable, donné comme une première esquisse de certaines parties
de son livre.

(1) *Nouveau règlement général sur toutes sortes de marchandises et
manufactures qui sont utiles et nécessaires dans ce royaume...* Paris,
1634, in-8 (FOURNIER, *Variétés hist. et litt.*, t. III, p. 109). Voy. LE-
VASSEUR, *Classes ouvrières* (2e éd.), t. II, p. 195.

(2) *Testament*, ch. ix, section VI, visiblement inspiré de Montchrestien et de la Gomberdière. — IX, VII. Et aussi *Mémoires*,
liv. XVIII.

(3) MARIÉJOL, *Histoire de France* de Lavisse, t. VI, ii, p. 413 et
suiv.; BOSSEBŒUF, *Soierie à Tours*, p. 63; LEVASSEUR, *op. cit.*, t. II,
p. 189 et ss., CAILLET, *Administration de Richelieu*, p. 276 et ss.

(4) Voy. LAVISSE, *Hist. de France*, t. VII, i, p. 217 et ss. On y
trouvera la bibliographie du sujet.

(5) Deux étapes sont à signaler. Un premier édit (ISAMBERT,
t. XVIII, p. 319), spécial à Lyon, met un terme aux conflits sans

pectait le privilège des communes, il étendait ce même régime à toutes les villes, il « municipalisait » l'industrie (1).

Tant de libéralisme étonne chez ce commis autoritaire. Mais ne nous laissons point duper par ces belles apparences. Colbert, en remettant aux hôtels de ville le soin de surveiller le fonctionnement de l'industrie, n'a pas l'intention de relever l'autonomie

cesse renaissants entre le présidial et la juridiction des foires, unie depuis mai 165*7* au corps consulaire : « Lesd. prévot des marchands et échevins de notre bonne ville de Lyon, juges conservateurs desdites foires, connoîtront privativement auxd. officiers de la sénéchaussée et siège présidial de lad. ville et à tous autres juges de tous procès mûs et à mouvoir pour le fait du négoce... entre marchands et négociants... manufacturiers des choses servant au négoce... » Puis un second édit (ISAMBERT, *ibid.*, p. 363), ordonnant « que les maires et échevins, capitouls, jurats, etc., puissent connoître en première instance et privativement à tous autres juges de tous les différends mûs et à mouvoir entre les ouvriers employés auxd. manufactures, et entre les marchands et]lesd. ouvriers. » Leur compétence s'étend aux longueurs, largeurs, qualités des étoffes, aux visites, marques, etc., aux salaires, aux comptes des communautés. Le motif invoqué, c'est que les différends auxquels donne lieu l'application des règlements distrairaient les ouvriers de leur travail, « s'ils n'étaient traités sommairement et par devant des juges qui aient une connaissance particulière de cette matière...» Paris et Lyon sont exceptés de l'application de cet édit. *Arch. Beauvais*, HH 14 (1669). En vertu de cet édit, le lieutenant de la justice des maire et pairs et cinq pairs sont délégués pour juger en première instance les procès concernant les manufactures (*ibid.*, BB 50). Déjà, en novembre 1665 *ibid.*, HH 12), Colbert avait fait savoir aux maire et pairs que le sieur Pocquelin, marchand-drapier, se rendait à Beauvais pour examiner avec eux un projet de règlement. Malgré les résistances des baillis et procureurs-fiscaux du comté-pairie et des justices, un arrêt du conseil du 26 septembre 1667 (*ibid.*, HH 14 et BB 40), décide que l'assemblée prévue par le dernier article des statuts se tiendra non à l'hôtel épiscopal, mais à l'hôtel de ville.

(1) Expression de M. LAVISSE, *op. cit.*, p. 223.

municipale, fortement atteinte par le gouvernement de Louis XIII. Il veut officiellement deux choses : assurer aux gens de métier, patrons et ouvriers, une justice plus expéditive que celle des présidiaux, afin que la poursuite d'interminables procès ne les distraie point de leur travail ; leur fournir une justice compétente. Ce n'était pas une mince affaire, pour des gens de justice, que de se reconnaître à travers ce réseau de règlements dont Colbert enserrait l'industrie. C'est pourquoi le conseil échevinal désignera, dans les grandes villes, six juges tirés de son sein, « et nommés comme les plus intelligents dans les manufactures ». On en élira deux ou trois dans les localités secondaires. Enfin Colbert veut, d'une façon générale, intéresser les villes à l'organisation industrielle, les pousser à créer, à leurs frais, et à surveiller des manufactures. Les corps consulaires sont, pour lui, les cadres de l'armée du travail ; il voudrait pouvoir s'en remettre à eux de tout le détail du fonctionnement (1). L'édit d'août 1669 n'est pas une mesure de liberté, mais seulement un expédient de décentralisation administrative, un procédé d'application du système réglementaire. La tentative réussit d'ailleurs médiocrement, en partie parce que les juges ordinaires renoncèrent difficilement à leurs habitudes professionnelles d'empiétement.

Dans l'ensemble, l'œuvre de Colbert est bien une prise en charge par l'État des intérêts économiques de la nation. Avec lui et après lui, l'organisation du travail est une affaire d'État. Cela est si vrai que les

____

(1) Voy. LAVISSE, *op. cit.*, sur la manufacture d'Auxerre. Sur les résultats de cette tentative, pp. 226-227.

ouvriers eux-mêmes considèrent le gouvernement comme une sorte de Providence économique, à laquelle ils s'adressent pour lui demander du travail ou de meilleurs salaires, de même que les paysans s'adressent à l'autre Providence pour lui demander de la pluie ou de bonnes récoltes (1).

IV. — LES AGENTS DU POUVOIR ROYAL.

On se ferait une idée imparfaite de l'extension du pouvoir royal en matière industrielle si l'on se contentait d'en construire la théorie. C'est dans la réalité journalière de son action qu'il faut saisir ce pouvoir. Il s'exerce par des agents multiples dont chacun semble avoir pour principale préoccupation d'étendre sans cesse, aux dépens des autorités rivales, le rayon de sa compétence.

§ 1. *Les juridictions inférieures.* — Il peut sembler bizarre que nous commencions par les juridictions inférieures, sièges présidiaux, bailliages, et sénéchaussées. Mais c'est précisément dans ces organismes élémentaires que s'applique le mieux la théorie de l'omniscience et de l'omnipotence du pouvoir royal (2).

______

(1) L'appel des ouvriers d'Abbeville au régent n'est pas un fait isolé. G. MARTIN, *Grande industrie sous Louis XV*, p. 353, cite une requête (16 octobre 1716) des ouvriers de la manufacture de Boufflers au régent, demandant qu'il soit ordonné à leur patron de les faire travailler.

(2) Voy. DUPONT-FERRIER, *Bailliages et sénéchaussées* p. 280 : « Comme l'agriculture, l'industrie préoccupait le roi, et, par suite, les officiers du bailliage. » — P. 380, l'auteur analyse les éléments de la compétence du bailli : cas royaux (par exemple « assemblées illicites, émotions populaires »), cas privilégiés, cas de prévention. Par la

Sur le terrain très limité où ils opèrent, à propos d'espèces chaque jour naissantes, les lieutenants des baillis et des sénéchaux s'emploient, par un travail incessant et acharné, à ronger peu à peu ce qui reste des juridictions particulières. Comme juges de police, ils essaient de faire rentrer dans leurs attributions les questions de travail.

Ils y arrivent sans peine dans les villes royales. A Paris, c'est le Châtelet qui est le grand régulateur de l'industrie. Au treizième siècle, c'est déjà le prévôt de Paris qui fait rédiger le *Livre des Mestiers*, et plus tard c'est dans les *Livres de couleur et Bannières* (série Y des Archives nationales, récemment inventoriée par M. Al. Tuetey), qu'il faut aller chercher les éléments de l'histoire du travail à Paris. C'est le lieutenant-criminel ou le lieutenant-civil qui ouvre, sur requête des maîtres-jurés, les enquêtes relatives aux modifications de statuts (1), et qui

prévention, les baillis et sénéchaux surveillent et devancent le juge seigneurial : « Entre officiers royaux et officiers non royaux, c'était donc comme une course de vitesse. » — GIFFARD, *op. cit.*, p. 207.

(1) *Information faite par le lieutenant-criminel à la requeste des maistres jurés chausseliers*, 1520. — La pièce que reproduit ce procès-verbal est de 1572. Biblioth. nation., 40 Fm 24994 (manque au recueil de Lespinasse). Commission du roi au lieutenant, 28 juillet : les jurés ont demandé des additions à leurs statuts, « pour les mutations qui depuis sont intervenues ». L'information s'ouvre le 19 août. On entend comme témoins de vieux maîtres drapiers et chausseliers qui donnent leur avis sur chacun des articles du projet. Ne semble pas avoir été enregistré. — Arch. nat., Y ii, fᵒ, 46 (1559), passementiers d'or et d'argent, soie filoselle, sayette de laine ; ordonnance du lieutenant civil, lettres-patentes, ordonnance du prévôt. — Y ii, fᵒ 40 vᵒ (même date), doreurs sur cuir : ordonnance du lieutenant civil, qui donne un avis favorable malgré les remontrances des gainiers ; lettres-patentes enregistrées au Châtelet, etc.

approuve ces modifications, destinées à être homologuées par lettres-patentes et enregistrées au Châtelet.

Nous retrouvons le régime parisien ailleurs. Les documents si abondamment publiés par M. Bourgeois nous permettent même de pénétrer le mécanisme en vertu duquel, à Blois, un métier est érigé en jurande, et le rôle que jouent dans cette opération les diverses autorités. — Les intéressés présentent requête au roi, en son conseil. Celui-ci leur accorde des lettres de commission, adressées au juge de la prévôté. Par ces lettres, le roi mande au juge d'appeler les avocats et procureur du roi et d'ouvrir avec eux une enquête, comme nous dirions, *de commodo et incommodo*. On procède à cette information avec une certaine solennité : le procureur du roi fait appeler l'élu, un avocat, un licencié ès lois, deux procureurs, le greffier de l'élection, un huissier du conseil privé demeurant à Blois, et les témoins ; ce sont, dans un des cas qui nous occupent, six marchands pâtissiers, trois hôteliers, deux « sommeliers du roi notre sire demeurants en cette ville », le « tailleur de Mgr l'amiral demeurant en cette ville », un drapier, un huissier de cuisine de la brioche de la reine. Ces témoins, après avoir prêté serment, approuvent à l'unanimité le projet de statuts, lequel est renvoyé au Conseil avec cette note du prévôt et des gens du roi : « Sommes d'avis que, faisant par ledit seigneur l'état de pâtissier — ou de potier d'étain — juré en ladite ville et faubourg de Blois, et faisant garder le contenu ès articles cy dessus contenus et déclarés, sera le profit d'icelui seigneur et de sa chose publique ». Sur quoi le roi signe des lettres-patentes, qui seront enregistrées à la prévôté (1). Et c'est, naturellement, devant les juges royaux que vont les contestations (2) nées ou à naître de ces statuts.

La juridiction des bailliages s'exerce d'une façon particulièrement active lorsque certains d'entre eux ont été élevés au rang de sièges présidiaux (3). On les voit de plus en plus s'insinuer même dans les affaires industrielles des villes de commune (4).

On pourrait croire que l'édit de 1581 a facilité la tâche des agents du pouvoir royal. L'article 1er disait que les artisans qui seraient, par mesure de transition, admis à la maîtrise, devraient prêter serment « par devant le juge ordinaire du lieu... ou commissaires qui pour ce seront par nous commis et députés ». Tandis que les maîtres reçus à Paris pouvaient exercer dans tout le royaume, les maîtres

(1) Bourgeois, *op. cit.*, t. II, pp. 164-165. Potiers d'étain (1556) Lettres de Henri II au prévôt, Amboise, 10 mars. Avis du prévôt, 1er avril. Lettres-patentes d'avril, enregistrées en mai. Il s'agit d'une communauté libre, constituée par l'accord de 1536, et transformée en jurande. — *Ibid.*, t. I, 342, pâtissiers (1557), procès-verbal d'information. — *Ibid.*, t. I, p. 3 (1571), apothicaires et épiciers demandent au roi les statuts octroyés à ceux de Tours ; l'enregistrement au présidial (15 décembre), porte « statuts faits sur led. estat... de la ville et faubourgs de Paris ». La confirmation par Henri III (janvier 1581), puis par Henri IV (juin 1595), rappelle cette double filiation. Paris, Tours, Blois. — Voy. Rébillon, *Corporations de Rennes*, p. 43, même mécanisme.

(2) Bourgeois, *ibid.*, t. II, p. 84 (mars 1590) : sentence du prévôt entre les jurés cordonniers et un savetier.

(3) *Invent. Arch. Mayenne*, B 2194-2946. Sénéchaussée et présidial de Château-Gontier. Police des corporations. Statuts, réceptions à maîtrise, saisies.

(4) Germain, *Commune de Montpellier*, t. II, p. 500. C'est devant Jean de Saint-Ravy, gouverneur de Montpellier, ou son lieutenant-général le juge-mage, que comparaît le procureur des consuls des maîtres tisserands de toile, pour demander le vidimus des articles

des villes de Parlement dans tout le ressort (art. 7),
ceux des villes des sénéchaussées, bailliages et présidiaux pouvaient exercer dans le ressort respectif de
ces juridictions, élevées ainsi au rang de petites
unités économiques.

Mais on sait combien cet édit fut inefficace (1). Il
n'en est pas tout à fait de même de l'édit de 1597.
Cette fois nous voyons le prévôt s'intituler « commissaire député par S. M. pour l'exécution de son
édit du mois d'avril 1597, concernant l'érection en
maîtrise de tous arts et manufactures (2) ».

Cet édit donne aux maîtres non organisés en jurande un moyen permanent et toujours valable de
s'adresser aux justices royales, en passant par-dessus
les juridictions locales, pour solliciter le bénéfice
d'un régime qui est, théoriquement, de droit commun (3). Dès lors les empiétements des juges royaux

par eux dressés en 1582 et augmentés en 1616 : « Ordonnance, règlements et statuts... pour estre gardés et observés inviollablement
entre eux, pour la conservation de la mestrise et police de leur
mestier, et ce sous le bon plaisir du roy n. s. et de la cour de M. le
sénéchal gouverneur de Montpellier ». — En 1600 (*ibid.*, p. 309) les
maîtres futainiers s'étaient déjà adressés au gouverneur ; leur assemblée avait eu lieu « par permission de M. le gouverneur ».

(1) Dans *Métiers de Blois*, t. II, pp. 251, 243, on voit qu'à propos
des érections de communautés, en 1582 et 1583, il n'est fait aucune
allusion à l'édit.

(2)*Ibid.*, t. II, p. 423 (novembre 1598), taillandiers d'œuvre blanche.
— *Ibid.*, 361 (29 déc. 1598), rôtisseurs, même formule. — T. I,
p. 202 (11 mars 1599), merciers : « Attendu, écrit |le roi au prévôt,
que l'exécution de nostre édict du mois d'avril 1597 vous est attribuée en vos ressorts... » — Le 20 juin 1600 (*ibid.*, t. I, p. 85), hors
logers, le prévôt se dit encore « prévôt et juge ordinaire de la
ville... commissaire député par Sa Majesté pour l'exécution... »

(3) Boissonnade, *op. cit.*, t. II, p. 412 : « L'édit de 1597, toujours
en vigueur,quoique en grande partie inobservé, sert de prétexte aux

ne se comptent plus. De plus en plus, leur autorisation est nécessaire pour dresser des statuts (1). En cas de difficulté imprévue, ils peuvent ordonner une modification provisoire des règlements (2).

A Paris, l'édit de mars 1667, qui créa un lieutenant de police (3), fit sortir des attributions du lieutenant civil pour les faire rentrer dans celles du nouveau magistrat les questions industrielles (4). Mais on sait que l'ancien régime avait la fâcheuse habitude de ne jamais poser une règle novatrice, sans ouvrir immédiatement, sous prétexte des droits

communautés désireuses d'obtenir la jurande ». — P. RAMBAUD, *Pharmacie en Poitou*, p. 73 (1619, apothicaires de Châtellerault), enregistrement à la sénéchaussée.

(1) *Invent. Arch. Nîmes*, HH 4 (1626), potiers d'étain. — MORIN, *Artisans du livre à Troyes*, p. 45 ; le bailli a fait dresser un règlement en 1634. Assemblée de 1644 « pour leur communiquer les statuts et règlements concernant l'art d'imprimerye, faictes et données au bailliage de Troyes... laquelle communication a estée ordonnée par appoinctement dud. bailliage ». Les maîtres refusent ces statuts.

(2) BOSSEBŒUF, *Soierie à Tours*, pp. 68-70 : Arrêt du présidial (1646) sur les laizes de soie.

(3) ISAMBERT, t. VXIII, p. 100. Il y eut suppression de l'office de lieutenant-civil, puis création de deux lieutenants de prévôt, savoir un lieutenant-civil et un lieutenant pour la police. Voy. SAVARY, *Dictionnnaire du Commerce*, vᵒ *lieutenant de police* et vᵒ *Communauté*.

(4) Il connaîtra « de toutes les provisions nécessaires pour la subsistance de la ville, amas et magasins qui en pourront être faits, du taux et prix d'icelles... réglera les étaux des boucheries... ; aura la visite des halles, foires et marchés...; la connaissance des manufactures et dépendances d'icelles, des élections des maîtres et gardes des six corps de marchands, des brevets d'apprentissage et réception des maîtres, de la réception des rapports des visites desdits gardes, de l'exécution de leurs statuts et règlements, et des renvois des jugements ou avis de notre procureur sur le fait des arts et métiers... des contraventions à l'exécution des ordonnances... sur l'imprimerie... »

acquis, une porte aux dérogations possibles : « Le tout, disait l'édit, sans innover ni préjudicier aux droits et juridictions que pourroient avoir... les lieutenants criminel, particulier, et notre procureur audit Châtelet, *même les prévôt des marchands et échevins de ladite ville*, de connaître des matières ci-dessus mentionnées, ce qu'ils continueront de faire bien et dûment, comme ils auraient pu faire auparavant. »

C'était l'organisation du conflit. On ne tarda pas à s'en apercevoir. Dès le mois de décembre 1668, les Six corps ayant été convoqués à l'Hôtel de Ville pour donner leur avis sur la tenue de la prochaine foire Saint-Germain (1), le lieutenant de police les convoqua de son côté, « comme leur juge naturel », et leur interdit de répondre au prévôt. De là, entre le Châtelet et l'Hôtel de Ville, une lutte qui mériterait d'être retracée par la plume qui écrivit le *Lutrin*. Finalement, les Six corps durent donner leur avis deux fois : une fois au prévôt des marchands, non « en ladite qualité des Six corps des marchands », car le magistrat municipal « reconnaissait qu'ils n'étaient point sous sa juridiction », mais bien « en qualité de bourgeois » ; une seconde fois au lieutenant de police.

Mais l'institution du lieutenant-général de police, d'abord spéciale à Paris, fut étendue aux autres grandes villes en 1699, et les fonctions de ces nouveaux officiers furent déclarées les mêmes que celles de leur collègue parisien (2). Or, tandis que Paris,

(1) SAINT-JOANNY, *Registre des Marchands merciers de Paris*, pp. 197-201.

(2) ISAMBERT, t. XX, p. 346, octobre 1699, préambule, rappelle la

avec Lyon, était excepté de l'application de l'édit
d'août 1669, dans toutes les autres villes la juridiction du lieutenant devait se heurter à celle de l'Hôtel
de Ville. Un édit de juin 1700 essaya vainement de
délimiter les compétences (1). Le roi s'y faisait pa-
ternel, et conseillait aux juges de tout ordre « d'éviter autant qu'il leur sera possible toutes sortes de
conflits de juridiction », de les régler par la voie
amiable, ou du moins de les trancher rapidement
par un appel au Parlement. Le ton de ce document
en dit long sur l'impuissance du gouvernement à
faire à chacun sa part. En fait, le lieutenant-général
se substitue au bailli pour recevoir et renvoyer au
conseil les projets de statuts, il homologue les délibérations des assemblées corporatives, il juge les
procès entre les communautés et leurs membres,
opère des saisies, ordonne la restitution de saisies
opérées par les maîtres-gardes (2) ; il peut refuser

création faite à Paris, les avantages qu'elle présente. P. 347.
décembre : « dans toutes les villes et lieux de notre royaume où il
y a parlement, cour des aides, chambre des comptes, sièges présidiaux, bailliages et autres juridictions royales, pour y avoir à
l'avenir, à l'exclusion de tous autres officiers, l'entière administration de la police, et en faire toutes les fonctions, ainsi que fait
le lieutenant-général de police de notre bonne ville de Paris ». —
P. 359, juin 1700 : édit contenant règlement pour la juridiction du
lieutenant de police au Châtelet et celle des prévôt des marchands
et échevins de Paris. — P. 375, déclaration du 28 décembre 1700.

(1) *Procès-verbaux du conseil du commerce*, p. 346 b (1747) : contes-
tation entre le lieutenant de police et les maire et échevins de
Rouen, sur la question de savoir auquel d'entre eux il appartient
de déterminer la valeur des ouvrages qui doivent être fabriqués par
les communautés aux termes de leurs statuts.

(2) Voy. *Conseil de commerce*, index, v° *Lieutenants de police*. Cf.
SAVARY.

de recevoir des aspirants à la maîtrise (1). Certains lieutenants prennent leurs fonctions industrielles tellement au sérieux qu'ils ne se bornent pas à prononcer des sentences : ils adressent au Conseil de commerce des avis sur tels procédés industriels, sur tel détail de l'organisation du travail.

C'est ainsi, sur le terrain local, sous les attaques journalières de ces infimes agents du pouvoir, que fondent peu à peu l'autonomie des corps de métiers, la juridiction industrielle des communes, et celle des seigneurs.

§ 2. *Les juridictions spéciales.* — Le droit général et supérieur du roi à surveiller l'organisation du travail ne s'affirme pas seulement par l'action des agents locaux. Il y a encore certains genres d'industries qui apparaissent comme des dépendances des anciens ateliers royaux, et dont l'exercice est une sorte de monopole concédé à un officier du roi.

C'est ainsi qu'en juin 1544, François Ier relève, en faveur de son fils, Charles d'Orléans, l'état de grand-chambrier sur lequel, dit-il, ont été faites de multiples usurpations par les particuliers, juges et cours souveraines (3). Cet édit n'est pas du tout, comme on l'a écrit, une suppression des rois des merciers : il rattache au contraire ces rois des merciers au grand-chambrier, qui pourra en instituer dans les bailliages, sénéchaussées et prévôtés ; ces rois ou « visiteurs »

(1) Dix ou douze d'un coup, à Arnay-le-Duc, 1732 (*Conseil de commerce*, p. 196 *b*).

(2) Par exemple celui de la Rochelle, en 1708 (*Conseil de commerce*, p. 40 *a*), sur la clarification des sucres.

(3) *Catalogue des actes*, 22845. — Voy. le texte dans Bourgeois, *Métiers de Blois*, t. I, p. 164 et ss.

auront le droit de visiter sur tous les marchands qui dépendent du grand-chambrier , et ceux-ci — fripiers, pelletiers et fourreurs, lingers, lingères, contrepointiers et pourpointiers, merciers, coffretiers, chapeliers, tapissiers, plumassiers, cordonniers, selliers, éperonniers, malletiers, bourreliers, patiniers, souffletiers, texiers en soie et fil de lin ou en bougran, vendeurs de toiles, colporteurs, etc., — « ne pourront vendre ni étaler leurs marchandises , soit en villes franches et jurées ou autres villes, villages, bourgs, foires et marchés de notre royaume », sans avoir pris lettres du grand-chambrier ou de ses maîtres-visiteurs. — C'est une sorte d'édit de 1581 anticipé, une organisation du travail constituée, en ce qui touche les industries du vêtement et certaines industries annexes, au profit et sous la surveillance du grand-chambrier.

Mais l'office devint vacant, dès l'année suivante, par la mort du duc d'Orléans. Subitement, le roi trouve cet office « inutile de soy en toute qualité d'exercice » ; il supprime tous les officiers qui en dépendaient et incorpore les droits au domaine, « n'entendant toutefois en la suppression dessusdite comprendre lesdits maîtres-visiteurs des merciers » : tant il était difficile, même au bon plaisir royal, de supprimer quelque chose.

Un édit de 1611 crée l'office de premier barbier-chirurgien du Roi, et concède au titulaire le droit de nommer des lieutenants ou commis dans les villes. Mais dans beaucoup de villes, surtout dans les villes de commune, les barbiers-chirurgiens sont organisés en jurande : c'est même un de ces métiers, dits « de danger », sur lesquels le contrôle municipal s'exerce avec le plus de suite. Aussi les conflits sont-ils fréquents entre les villes et le barbier, après 1668 le premier chirurgien du roi (1).

L'état de monnayeur dépend de la cour des monnaies. C'est elle qui certifie que le monnayeur a fait son épreuve, c'est elle qui reconnaît à une fille de monnayeur le droit d'exercer le métier de son père, c'est devant les prévôts de la monnaie que le monnayeur prête serment (2). Mais de la monnaie, le contrôle des officiers des monnaies s'étend à tout le travail des métaux précieux, notamment à l'orfèvrerie. Comme le premier chirurgien, les gardes des monnaies se heurtaient à l'un des métiers les plus généralement constitués en maîtrises jurées : aussi les contestations sont-elles, ici encore, presque quo-

(1) CHAPUIS, *Corporations de Dijon*, p. 425. Le lieutenant du premier barbier s'arroge les réceptions à maîtrise. Le conseil du roi maintient le privilège de la mairie, mais attribue au lieutenant la présidence des assemblées électorales. — Le premier chirurgien se fait octroyer des statuts valables pour tous les maîtres. Mais l'enregistrement en est suspendu en Bourgogne, et en 1768 on disait « que les communautés de cette ville et du ressort de la cour [de Dijon] vivaient... dans une espèce d'anarchie ». — Voy. G. Mareschal, *Georges Mareschal... chirurgien... de Louis XIV*, p. 147. — Il faudrait aussi tenir compte des chirurgiens des princes et gouverneurs (*Arch. Côte-d'Or*, B 12256, f° 685, v° a, 1642, sur un chirurgien du prince de Condé à Beaune).

(2) CHANDON DE BRIAILLES et BERTAL, *Archives communales d'Épernay*, p. 139 : Nicole Delaulne, veuve, produit à l'assemblée d'Épernay un arrêt de la cour des monnaies, du 10 juillet 1557, qui constate qu'elle est fille de feu Gillet Delaulne, en son vivant monnayeur en la monnaie de Châlons (certificat des prévôt, compagnons, ouvriers de la monnaie de Châlons, comme quoi Delaulne a fait son épreuve). Elle est donc de « vray estoc et lignée de monnayer » et, « comme telle... sera receue en l'estat de taillaresse en la monnoye de Troyes... en faisant par elle le serment en tel cas requis... par devant le prevost de lad. monnoye ».

tidiennes (1), malgré les arrêts du conseil qui attribuent aux gardes des monnaies toute juridiction
sur les orfèvres.

C'est en vertu d'une extension analogue des fonctions de surveillance des officiers royaux que les
salpêtriers sont soumis au grand-maître de l'artillerie,
ou que les amirautés, dans les ports, cassent les ordonnances municipales relative à l'arrimage (2).

§ 3. *Les Parlements et l'industrie.* — Les Parlements s'occupent de questions industrielles, d'abord
parce qu'ils s'occupent de tout. Démembrement, au
moins théorique, de l'ancienne cour le roi, ils s'attribuent à eux-mêmes une compétence illimitée. Ils se
considèrent comme préposés à la défense du bien
public. Ils représentent l'intérêt des consommateurs :
n'oublions pas qu'ils sont consommateurs eux-mêmes.
Ils prétendent, surtout en matière de denrées ali-

(1) Boissonnade, *op. cit.*, t. II, 414, lutte entre la ville de Poitiers et le garde, 1617. Arrêts de 1635 et 1639 qui attribuent à ce
dernier toute juridiction : chef-d'œuvre, serment, dépôt du poin-
çon. *Id.* à Châtellerault, 1625-1627. — Chapuis, *Corporations de
Dijon*, p. 322. La ville essaie vainement de résister, elle est déboutée
en 1637. — *Arch. Mayenne*, B 17 (1749-1752) : arrêt de la cour des
Monnaies maintenant les juges-gardes de la Monnaie d'Angers dans
le droit de connaître seuls des contestations entre les orfèvres de
Laval au sujet de l'exercice de leur métier ou de l'application de
leurs statuts. Sur le rôle des juges-gardes, voy. *Inventaire Conseil
de commerce*, v° *Orfèvres.*

(2) *Jurade de Bordeaux*, t. I, p. 339 : 9 décembre 1701, ordonnance municipale fixant les tarifs d'arrimage ; 17 décembre, ordonnance de l'amirauté, casse celle des maire et jurats pour incom-
pétence, défend aux arrimeurs de se pourvoir ailleurs que devant
les officiers de l'amirauté. 8 mai 1702, à propos d'une espèce, les
maire et jurats font défense aux arrimeurs de se pourvoir ailleurs,
qu'à la ville. 9 novembre 1706, ordonnance de l'amirauté sur les salaires, homologuée le 13 par le Parlement. *Id.* en 1740, 12 et 18 mai.

mentaires, assurer la protection des masses populaires contre les négligences plus ou moins suspectes des oligarchies municipales.

Les Parlements ont l'appel des juridictions inférieures, royales ou non royales. Ils sont surtout juges des conflits entre ces juridictions. Or, nous avons vu que ces juridictions sont, en ce qui touche la discipline du travail, perpétuellement en conflit. La porte est toujours ouverte à l'intervention des Parlements. Ils ne tranchent pas seulement les différends, ils interprètent les textes ; ils créent la jurisprudence spéciale à l'organisation du travail.

Les Parlements sont des chambres d'enregistrement. Ils « homologuent » les statuts corporatifs, soit que ceux-ci leur aient été présentés immédiatement, soit qu'ils leur parviennent comme annexes à des lettres patentes. Et, tout en les enregistrant, ils s'arrogent, toujours au nom de l'intérêt public, le droit de les modifier (1). Ils autorisent la fusion en

(1) CHEYLUD, *Apothicaires de Bordeaux*, arrêt du Parlement du 27 février 1513 : « Le syndic des maistres appoticquaires de ceste ville et cité de Bordeaux, demandeur de l'enthérinement de certaines lettres royaulx tendant à fin par icelles faire entretenir certains status et privilèges auctorisés par le roy... » Le Parlement modifie un article. — *Jurade de Bordeaux*, t. II, p. 169, bonnetiers : tandis que les premiers statuts de 1526, semblent n'avoir été homologués que par la ville, en 1664, il y a « arrêt du Parlement et ordonnance sur requête de MM. les Jurats, ...qui homologuent et autorisent les statuts... » *Arch. Haute-Garonne*, B 802 (1658); autorisation par le Parlement de Toulouse des statuts des maîtres brodeurs de Montpellier, B 1746 (1774): enregistrement des statuts des menuisiers, tourneurs et layetiers de Toulouse, qui ne formeront désormais qu'une seule communauté. — CHAPUIS, *Corporations de Dijon*, p. 114 (8 août 1733): union sous une même bannière des épiciers, droguistes, confiseurs, ciergiers, chandeliers, fruitiers, orangiers et limonadiers, statuts communs homologués par la cour,

une seule de plusieurs professions voisines, soit à la
requête des villes, soit à la requête directe des intéressés ; ils déterminent le ressort des communautés
rivales (1). Il est significatif que, dans des matières
qui ressortent essentiellement à la compétence municipale, des communes éprouvent le besoin, pour
donner à leurs décisions plus de force, de recourir à
cette homologation. De leur côté, les Parlements
défendent au besoin le droit des villes contre les
résistances corporatives, emploient leur autorité à -
soutenir, contre les jalousies et les « monopoles », les
entreprises industrielles municipales (2). C'est plutôt
lorsque les villes ont tendance à multiplier les maîtrises qu'on voit les cours souveraines défendre contre
elles le public, intéressé à la multiplication des ateliers.

sans qu'il soit question d'une décision municipale antérieure. —
Arch. Haute-Garonne, B 215 (1603), la visitation chez les marchands-
merciers de Toulouse est accordée aux bailes des gantiers-bour-
siers-aiguilletiers. — B 277 (1609) : instance entre les charpentiers
et les menuisiers de Montpellier ; la cour délimite les ressorts res-
pectifs des deux métiers.

(1) *Arch. Côte-d'Or*, B 12230, f° 102 (1625) ; homologation d'une
ordonnance de la chambre de ville de Dijon qui défend la vente en
public et l'ouverture des boutiques les dimanches et jours fériés à
l'heure du service divin.

(2) *Invent. Arch. Haute-Garonne*, B 1602, arrêts du Parlement : la
visite des manufactures de drap appartient aux capitouls assistés
des maîtres et bailes fabricants. — *Arch. Côte-d'Or*, B 12239, f° 282
(1634) : arrêt prononçant la confiscation de trois tonneaux de laine.
envoyés par un marchand de Dijon à Is-sur-Tille pour y être
façonnés, en contravention de l'arrêt qui défendait aux fabricants
de laine de la ville d'employer les ouvriers engagés par l'entrepreneur du service de la chapelle Sainte-Anne et de celui qui défendait
d'enarrher les laines pour les revendre au dehors. B 12240 f° 271
(1635) : 20 livres d'amende à N. Lambert, drapier à Dijon, pour
avoir fait monopole, enarrhé des laines, dans le but de faire tomber
la manufacture établie à l'hôtel Sainte-Anne.

Les Parlements surveillent de près les réceptions.
Ils maintiennent, contre l'exclusivisme jaloux des
communautés, le droit des maîtres régulièrement
reçus. Ils se prononcent sur les certificats de capacité
présentés par les aspirants. Ils ordonnent l'exécution d'un chef-d'œuvre, règlent les conditions de
l'examen, désignent le jury, qu'ils prennent au besoin ailleurs que dans la ville où a travaillé le compagnon. Si leurs décisions ont généralement pour
effet de s'opposer aux tendances étroites des communautés, cependant ils s'opposent également à l'entrée dans le métier de personnages insuffisamment
qualifiés (1).

Les Parlements exercent un pouvoir réglementaire sur le fonctionnement même des industries. Ils
prohibent certaines matières premières, ils rendent
des arrêts sur les dimensions des étoffes, ils déterminent telle communauté à exécuter tel travail et
non tel autre (2). Aux essais de panification faits

(1) *Arch. Jurade de Bordeaux*, t. I, p. 392 (1599), *Arch. Côte-d'Or*, B
12261, f⁰ 172 (1648) : en présence des certificats de capacité et examen subi par David Dubois, compagnon chirurgien, devant les avocat
général et médecins, la cour l'admet malgré l'opposition des maîtres. — B 12253, f⁰ 96 v⁰ (1644) : la cour, sans s'arrêter aux oppositions
des chirurgiens de Beaune, ordonne aux maire et échevins de cette
ville de procéder à la réception de M. Chantereau. — B 12260 (1648) :
arrêt déboutant la confrérie des cordonniers de Dijon de son appel
d'une délibération de la chambre de ville, relative aux réceptions.
— B 12269, f⁰ 401 (1653) : arrêt, sur la plainte des serruriers *d'Autun*,
condamne un compagnon serrurier à produire dans deux mois un
chef-d'œuvre qui sera examiné par les jurés serruriers *de Dijon*, et
jusque-là surseoit à sa réception. — B 12256 f⁰ 544 (1645) : arrêt
défendant à P. Lamat, compagnon serrurier à Dijon, d'exercer l'art
de chirurgie avant d'avoir été reçu par le collège de cette ville.

(2) *Invent. Arch. Haute-Garonne*, B 274 (1609) : arrêt prohibant les
drogues dites d'Inde ou anil ; ordre aux consuls de Montpellier,

par la ville s'ajoutent et parfois s'opposent des essais parlementaires. Les gens du roi se permettent même en certains cas des usurpations sur le droit de visite conféré aux échevins (1).

Il y a plus. — Les Parlements prétendent se réserver la surveillance de certaines industries qui importent particulièrement au bon ordre de l'État, par exemple l'imprimerie (2). Ils réglementent la distribution de la force motrice fournie par les eaux courantes, ils tranchent les questions relatives à la grosse industrie métallurgique (3). Propriétaires de

Nîmes et autres villes du ressort de se livrer activement à la recherche des contrevenants et d'en instruire la cour. B 273 (même date) : le sénéchal de Beaucaire et Nîmes continuera la surveillance et poursuite des couleurs d'Inde, ainsi que des draps faux teint. — *Arrest de la cour de Parlement de Rouen donné sur le règlement de la laize et largeur des toiles.* Rouen, *Arch. Côte-d'Or*, B 13240, f° 224 v° (1635) : arrêt qui invite les drapiers drapant de Châtillon à donner pour le déchet deux aunes par pièce de 35 à 40 aunes. — B 12245 f° 252 (1640): arrêt qui autorise les forétiers de Dijon à travailler aux mêmes ouvrages que les serruriers, à l'exclusion des clefs et serrures. *Ibid.*, 12254, f° 12-(1643): on leur permet de poser des serrures, mais on leur défend d'en vendre ou d'en fabriquer au détriment des serruriers.

(1) *Arch. Dijon*, B 177 (1534) : sommation au substitut du procureur-général au Parlement de s'abstenir de visiter les boulangers, contrairement aux privilèges de la ville.

(2) RÉBILLON, *Corporations de Rennes*, p. 138 : Les libraires-imprimeurs de Rennes reçoivent des lettres-patentes du 1er décembre 1623 approuvant leurs statuts. Mais un arrêt du Parlement, 16 janvier 1674, déclare que les choses resteront comme par le passé : aucun livre ne sera imprimé ni vendu sans permission de la Cour. Il fallut de nouvelles lettres du 7 mars, enfin enregistrées le 27 avril.

(3) *Arch. Côte-d'Or*, B 12231, f° 338 (1627) : arrêt qui déboute le seigneur de Vitry et Belan et les habitants de Belan de leur opposition au droit prétendu par l'abbaye de Clairvaux de se servir des eaux de l'Ource pour l'usage de ses usines de Champigny. —

bois et de moulins, leurs membres n'apportent peut-être pas toujours à ces questions un désintéressement absolu. — Ils confèrent des privilèges industriels et ce n'est pas à Paris seulement qu'il existe des « galeries du Palais (1) ». Enfin nous connaissons au moins un Parlement qui a créé, comme le roi, des lettres de maîtrise (2).

On le voit, une histoire industrielle qui ne tiendrait pas compte des Parlements serait incomplète.

§ 4. *Les organes de la centralisation monarchique.* — Sièges royaux, lieutenances de police, parlements, l'action de ces diverses juridictions était trop irrégulière, trop incohérente, souvent même trop contradictoire pour assurer d'une façon efficace et constante la main-mise de la royauté sur l'organisation du travail. Au fur et à mesure que se constitue la théorie de « l'État économique », on éprouve le besoin de créer un mécanisme spécial, qui agisse d'une façon efficace et constante, sous l'impulsion du gouvernement, c'est-à-dire depuis Colbert, sous l'impulsion du contrôle général (3).

B 11688 (1543) : Procès-verbal de visite des forges du bailliage d'Auxois. — Je ne cite ces deux documents qu'à titre d'exemples.

(1) *Arch. Haute-Garonne*, B 802 (1658) : arrêt maintenant les maîtres blanchiers, parcheminiers, gantiers, aiguilletiers, boursiers, tanneurs, corroyeurs en la faculté d'acheter des peaux pour les mettre en œuvre, avec injonction de tenir deux boutiques ouvertes dans l'enclos du Palais, fournies du parchemin nécessaire pour le service des greffes et autres expéditions.

(2) *Arch. Jurade de Bordeaux*, t. II, p. 650, III, pp. 96, 241, 245, 370, années 1631-1632 : le Parlement a créé dans chaque corps deux maîtrises, dont le produit sera employé à la nourriture des pestiférés. Documents sur les boutonniers, chapeliers, chaudronniers, chaussetiers, cloutiers.

(3) H. DE JOUVENCEL, *le Contrôleur général des Finances*, p. 246 et

En dépit d'exceptions plus ou moins durables (1), c'est surtout au contrôle général que revient cette fonction, à la fois excitatrice et régulatrice. — Le contrôleur général agit tout d'abord par l'intermédiaire des intendants.

En leur qualité d'officiers de police et de justice, les intendants se trouvent journellement mêlés à la vie industrielle, comme à toutes choses. A peine ont-ils commencé d'exister comme institution régulière que nous les voyons empiéter sur le droit municipal et créer des jurandes (2). Ils annulent des réceptions prononcées par la mairie et forcent les artisans reçus à fermer boutique, sous prétexte qu'il reste encore sur le marché local des lettres de maîtrise invendues (3). Ils modèrent des sentences prononcées, pour cause de malfaçon, par la juridiction échevinale (4). Ils peuvent adoucir, en cas de nécessité, la rigueur des règlements généraux.

ss. — G. Martin, *Grande industrie sous Louis XIV* et *Grande industrie sous Louis XV.* — De Boislile, *Correspondance des contrôleurs généraux.* — Godart, *les Intendants des généralités.*

(1) Après la mort de Colbert, tandis que le commerce était partagé entre le contrôle général et le secrétariat d'État de la marine, les manufactures revinrent à la surintendance des Bâtiments.

(2) *Invent. Arch. de Nîmes*, OO 10 (1630-1647) : appel des consuls au Conseil d'État, contre l'ordonnance de l'intendant de Languedoc, comme violant les privilèges de la ville en établissant une maîtrise en faveur des tondeurs et teinturiers. Arrêt du conseil ordonnant l'enregistrement de ces statuts, 1642. Nouvel appel des consuls (1647) et acte par lequel les maîtres déclarent renoncer à leur privilège.

(3) *Arch. Jurade de Bordeaux*, t. I, p. 390, années 1709, 1725, 1740.

(4) *Invent. Arch. Somme*, C. 260 (1761-62) : à la suite de sentences échevinales rendues contre deux fabricants de camelots d'Amiens et un fabricant de velours, l'inspecteur réclame l'indulgence de l'intendant, en raison de l'importance de cette manufacture.

Juges d'exception, ils interviennent dans les conflits entre les villes et les sièges royaux, entre les villes et les Parlements, entre les villes et les communautés. Leur action est si visible qu'au dix-huitième siècle, les communautés prennent souvent le parti de s'adresser directement à eux, comme à des chefs naturels, soit pour maintenir l'exclusif, soit pour limiter le nombre des métiers ou modifier les règles de la fabrication (1).

Les intendants surveillent l'émigration des ouvriers de fabrique, enquêtent sur la situation des industries et la capacité des industriels, étudient les mesures à prendre contre les coalitions, et se chargent de les réprimer (2).

Leur attention se porte particulièrement sur la

(1) *Invent. Arch. Somme*, C 275 (1764) : requête des syndic, garde-jurés, etc., sergers d'Abbeville à l'intendant, contre « un particulier » qui « a pris licence de monter chez lui des compagnons qui travaillent pour son compte ». — C 147 (xviii⁰ s. ?) : observations des sayetteurs et haultisseurs d'Amiens à l'intendant sur l'utilité d'une distinction entre les métiers qui travaillent en marchandises communes, et sur la limitation du nombre des métiers. — C 463 (1788) : maçons d'Amiens. Mémoires à l'intendant demandant, en exécution de l'édit de 1777, qu'il soit fait défense aux nommés... nouvellement reçus en qualité de maîtres plafonneurs par les officiers municipaux de lad. ville, d'exercer cette profession dans lad. ville jusqu'à ce qu'ils se soient fait incorporer avec les maçons ». Necker, consulté, répond qu'on peut les tolérer tant qu'ils n'emploieront que du plâtre.

(2) *Invent. Arch. Mayenne*, C 8 (1764-84), corresp. de l'intendant avec le subdélégué de Villaines. C 10 (1787-88). C 11 (1789-90) : instructions relatives à l'accueil à faire aux ouvriers renvoyés de Paris. — *Invent. Arch. Marne*, C 458, 472, et *passim*. — Voy. aussi DUMAS, *la Généralité de Tours au treizième siècle*. — G. MARTIN, *Louis XV*, pp. 64 et 65. — *Arch. Somme*, C 149 (1716), histoire d'une coalition (dont un érudit local devrait bien nous donner le dossier complet) réprimée par Bernage.

grande industrie, parce qu'elle est productrice de
ces articles d'échange qui permettent à la collectivité nationale de soutenir la concurrence de ses rivaux. Depuis 1744, ils exercent un contrôle spécial
sur les mines, les verreries, les papeteries, et par
suite sur les questions du combustible et de force
motrice qui se rattachent à ces industries, comme
aux industries métallurgiques et textiles. Ils poussent à la création de manufactures nouvelles, se
font dresser des mémoires, donnent ou font construire les bâtiments d'usine, provoquent les délibérations des corps de ville, créent des bureaux de
fabrique, promulguent des règlements (1).

Cette activité de tous les jours, tantôt judiciaire,
tantôt réglementaire, et qui descend dans le plus
infime détail, fait précisément l'intérêt, non seulement de la correspondance des contrôleurs généraux
avec les intendants, mais aussi de la série C des Archives départementales, et particulièrement de la
correspondance entre les intendants et leurs subdélégués (2). C'est toute l'histoire « manufacturière » de
l'ancien régime qui y est écrite.

A côté de leurs subdélégués, les intendants ont
pour auxiliaires les inspecteurs des manufactures.
Les fonctions de ces agents sont essentiellement « de
surveiller les gardes-jurés, de leur donner des avis
ou des instructions sur ce qui peut contribuer aux

______

(1) *Invent. Arch. Gers*, C 29 (1750-1787) : d'Étigny et l'établisse-
ctmn d'une manufacture de draps à Auch. 1762, nouveau règlement
pour la fabrication des bas au métier à Oloron. 1767, ordonnance
de d'Étigny relative à la fabrication du papier et aux compagnons
papetiers.

(2) Voy. Sagnac, *l'Histoire économique de la France de 1683 à
1715* (*Revue d'hist. moderne*, t. IV, pp. 5 et 89.)

progrès de la fabrique » ; et le contrôle-général leur rappelle à l'occasion qu'ils « ne doivent point se mêler de la visite et de la marque (1) ». Mais qui établira la limite entre la simple surveillance et l'ingérence abusive ?

En fait, nous voyons l'inspecteur dénoncer une chambre de ville à Louvois pour avoir frappé une contravention d'une amende trop légère : lettre foudroyante de Louvois, qui menace la chambre de lui faire payer l'excédent des amendes jugées inférieures au taux réglementaire. Malgré les ordres qui semblent le leur interdire, les inspecteurs visitent les manufactures, soit en compagnie des officiers de police et des gardes des communautés, soit même de leur autorité privée, et ils dressent procès-verbal des « rébellions » dont ils ont pu être l'objet au cours de leurs enquêtes. On les consulte sur les modifications aux règlements, et sur les mesures de tolérance qu'il convient de prendre dans l'intérêt de l'industrie (2).

(1) Lettre du contrôleur-général, de 1763, citée par DUMAS, *op. cit.*, p. 176.

(2) CHAPUIS, *Corporations à Dijon*, p. 200, inspection des manufactures et teintures royales, 1688. — *Arch. Mayenne*, B 898 (1726), siège ordinaire du comté de Laval : Procès-verbal de visite des ateliers des tisserands de Laval par l'inspecteur des manufactures de la généralité de Tours demeurant à Laval. B 901 (1729) : inspection faite chez des teinturiers par le juge de police et maire perpétuel de Laval, assisté du procureur-fiscal, de l'inspecteur des manufactures de toiles, de deux anciens grands-gardes de la communauté des marchands de drap de laine et de soie, des jurés sergers. — *Arch. Somme*, C 165 (1731) : Procès-verbal de rébellion dressé à Crèvecœur par l'inspecteur des manufactures. Il a voulu, au cours de sa visite, saisir une pièce irrégulière. Le fabricant a refusé de le suivre au bureau, disant « qu'il n'avait jamais été question avant nous de

Je ne parle pas ici des manufactures d'État, où l'inspecteur est un véritable directeur (1).

Toute cette organisation administrative du travail national aboutit à un grand régulateur central : le Conseil de commerce, puis le Bureau du commerce. Bonnassieux énumère, comme suit, ses attributions en matière industrielle : « Condition et statistique des principales industries. Régime des manufactures. Inspection des manufactures. Règlements industriels. Privilèges exclusifs. Manufactures royales. Émigrations et immigrations ouvrières. Coalitions et grèves (2). » Ce Bureau, d'ailleurs, était lui-même subordonné au Conseil d'État, et n'avait, en théorie, que « le rôle d'une commission consultative ». Mais « bien rares... sont les cas dans lesquels le gouvernement s'est écarté de l'avis du Bureau du commerce ». On peut donc le considérer comme préparant les arrêts auxquels le Conseil donnera force de volonté royale.

Aussi voyons-nous le Bureau recevoir des deman-

---

toutes ces règles, et qu'il ne changerait point de façon de travailler », et l'a menacé de coups. — *Ibid.* C 147 (1714) : copie de la lettre de l'inspecteur des manufactures à Reims, envoyant le règlement des manufactures de cette ville, dont l'art. 46 n'a jamais été exécuté à cause des inconvénients qui pourraient en résulter. — De son côté du Cluzel (DUMAS, *op. cit.*) dit que les inspecteurs « ne sont pas bons à grand'chose ». — Sur les inspecteurs généraux, voy. l'introduction de l'*Inventaire des Procès-verbaux du Conseil de Commerce.*

(1) GRAS, *Armurerie stéphanoise*, p. 34. Après 1715, le commissaire royal devient inspecteur de la manufacture. Il immatricule les ouvriers. C'est devant lui et ses contrôleurs que les ouvriers passent l'examen de la maîtrise, c'est lui qui leur distribue l'ouvrage, « à proportion qu'on aura été content d'eux dans leur dernière livraison ».

(2) *Procès-verbaux du Conseil de commerce*, p. XXIX.

des en confirmation ou réformation de statuts, les renvoyer à l'"intendant pour enquête, donner avis sur leur adoption (1). Il dresse des projets de règlements pour les manufactures (2). Il prononce sur des questions de salaires (3), il intervient dans des litiges entre maîtres et communautés (4). Il résume si bien en soi l'action de l'État sur le travail que, en étudiant la série chronologique de ses avis, on peut en quelque mesure tracer la courbe et mesurer les fluctuations de la politique industrielle de l'ancien régime.

Officiellement, le Bureau a pour mission de maintenir l'édifice réglementaire. Mais, dès 1735, on note chez lui une tendance visible à ne pas multiplier les règlements. A partir de 1750, il prend presque pour principe de rejeter les demandes d'homologation de statuts (ceci dès avant l'entrée de Gournay), tandis qu'il est favorable aux réunions de communautés, et qu'il accorde assez facilement des dérogations. C'est lui, en somme, par l'intermédiaire des intendants et des inspecteurs, qui règle tout le mouvement de l'immense machine.

*
* *

Qu'il s'agisse des modes mêmes de l'organisation du travail ou des rapports entre cette organisation

(1) E. LYON, *Corporation des maîtres boulangers de Limoges*, donne l'extrait de F¹²82, 305, année 1735.
(2) *Procès-verbaux...* 89 b, Amiens, 11 mars 1717.
(3) Voy. 1ᵉʳ sept. 1729, 20 avril 1730, 22 avril, 4 mai, 2 juin.
(4) 1ᵉʳ mars 1715, sergers de Beauvais.

et les pouvoirs publics, nous aboutissons au même résultat : il est impossible de formuler, en ce qui concerne le régime du travail durant les trois derniers
siècles de l'ancienne monarchie, une affirmation générale quelconque. En ce domaine, c'est l'exception
qui est la règle.

Métiers libres ou métiers en jurande, petite industrie artisane ou grande industrie manufacturière,
maîtres et compagnons des villes de commune, des
villes de seigneurie, des villes royales, ouvriers employés dans ces usines que le besoin de se procurer
la force motrice ou le combustible retiennent dans
les montagnes ou à la lisière des forêts, le monde du
travail est soumis à des autorités multiples, rivales,
antagonistes même, dont les ressorts et la compétence n'ont pas de limites précises, géographiques
ni juridiques, et qui passent le plus clair de leur temps
à empiéter les unes sur les autres.

Au milieu de ce chaos, une autorité grandit, d'une
façon à peu près régulière, aux dépens des autres.
Par l'action journalière et obstinée de ses agents
inférieurs, elle ruine peu à peu la puissance législative et le droit de juridiction des autorités de second
ordre. Celles-ci résistent, et pas toujours sans succès.
Les ordonnances générales de police, les édits généraux sur les métiers s'appliquent peu ou s'appliquent
mal, s'usent et s'émoussent dans la procédure des
conflits.

Il est vrai que la royauté est aidée dans son œuvre
par les cours souveraines, juges des conflits. Pour
rendre son action plus efficace, elle essaie de constituer une hiérarchie spéciale de fonctionnaires dont
les uns, intendants et lieutenants de police, s'occu-

peront beaucoup des questions de travail, dont les autres, les inspecteurs, s'en occuperont exclusivement. Elle essaie d'établir entre ces divers fonctionnaires une certaine unité de direction en confiant l'étude des affaires industrielles et l'élaboration des règlements à une commission compétente.

Elle est aidée aussi, dans son œuvre de domination et d'unification, par les intéressés eux-mêmes. Patrons et ouvriers veulent sortir de l'inextricable confusion où ils se débattent. Pour eux, ne l'oublions pas, autonomie communale ou seigneuriale se traduit surtout par réglementation tyrannique et fiscalité tracassière. Privilège pour privilège, ils préfèrent le privilège concédé par l'autorité souveraine, par celle qui pourra vous défendre contre toutes les revendications, au privilège octroyé par une autorité subalterne et sans cesse diminuée. C'est pourquoi ils s'adressent directement au roi, par-dessus la tête de leurs juges naturels.

Ce mouvement d'unification est favorisé par tout le développement de la civilisation française, par la constitution de l'État en une entité économique à peu près close, dont les portes d'entrée ou de sortie s'ouvrent ou se ferment sur l'ordre et sous le contrôle du pouvoir, entité qui doit subvenir avec ses propres ressources à ses besoins essentiels, qui doit lutter sur le terrain commercial avec ses rivaux, comme les armées ou les flottes de Sa Majesté luttent sur les champs de bataille ou sur les mers. Le monde industriel est aussi une armée, qui a sa hiérarchie, sa discipline, ses « règlements sur le service », son code de peines et de récompenses.

Constituée sur les bases d'une étroite réglementa-

tion, l'organisation du travail en service public aboutit à des conséquences que ses créateurs n'avaient
pas rêvées. Lorsque les industriels passent de la tutelle mesquine des autorités de clocher à la tutelle
plus large du pouvoir central, ce n'est pas pour rencontrer à leur activité plus d'entraves, c'est pour
travailler plus librement. Si les agents tout à fait
subalternes de la puissance publique peuvent être
tentés de défendre pied à pied la réglementation
dont ils vivent, les organes supérieurs, intendants
ou députés du commerce, ont une vue plus élevée
des choses. Ils se rendent de mieux en mieux compte
que, pour triompher dans les luttes économiques,
l'armée industrielle ne doit pas être encombrée de
bagages, alourdie par un armement vieilli et incom-
mode, gênée dans sa capacité manœuvrière par les
règles d'une stratégie surannée. Et ce sont les agents
les plus immédiats de la centralisation qui procèdent,
de leurs propres mains, à la démolition progressive
de la forteresse réglementaire. Lorsque Turgot, en
1774, opéra sa révolution, elle avait été préparée,
depuis trente ou quarante ans, par l'action de plus
en plus libérale du Bureau du commerce et des intendants.

VI [1]

SPÉCULATION ET SPÉCULATEURS AU XVIᵉ SIÈCLE [2]

En 1531, on vit s'élever, dans la ville d'Anvers, un vaste édifice destiné aux marchands : autour d'une cour rectangulaire se développaient des préaux couverts, où l'on pouvait se mettre à l'abri des surprises du climat flamand. Et à l'entrée, sous les pignons en marches d'escalier qui couronnent les maisons néerlandaises, on voyait courir cette inscription : « Ouvert aux marchands de toute nation et de toute langue ; *in usum negotiatorum cujuscumque nationis ac linguæ.* » Ainsi naquit la première Bourse internationale des valeurs mobilières.

Ce n'est pas qu'on ait attendu le seizième siècle pour éprouver le besoin de concentrer, sur un point de l'espace urbain, le commerce des marchandises et le commerce de l'argent. Il n'est pas de ville d'Italie

<hr>

(1) Extrait de la revue *Athéna*, t I.

(2) Bodin, *De la République.*— Ehrenberg, *Das Zeitalter der Fugger·* — Cunningham, *Growth of English industry and commerce,* t. I. — H. Pirenne, *Histoire de Belgique,* t. III. — Marcel Vigne, *la Banque à Lyon du quinzième au dix-huitième siècle.* — Bonzon, *la Banque à Lyon aux seizième, dix-septième et dix-huitième siècles.*

qui n'ait eu, dès le treizième siècle, sa *piazza de'
mercanti* ou sa *loggia de' banchi*, sorte de portique
où se groupaient les bancs des changeurs et où peu à
peu s'installèrent la Monnaie, les bureaux d'épreuve
des métaux précieux, les balances publiques, les
officines des notaires, la juridiction commerciale.
Dès 1322, à Venise, une salle de ce genre se construit
à côté de ce pont *della Moneta* que nous appelons le
Rialto. Rialto est aussi le nom de la salle. « Rialto,
dira, plus de deux siècles après, le chroniqueur Sa-
bellico, Rialto où, sans tapage, sans disputes, plutôt
avec des signes de tête qu'avec des paroles, se traitent, dans un silence incroyable, les affaires du monde
entier, bien plus que celles de la ville. » — Bourse
silencieuse, Bourse sans tapage, Bourse où les signes
tiennent la place des paroles, décidément Rialto
n'est pas encore une Bourse moderne — et pas davantage le *Mercato nuovo* de Florence.

Ce type de la *loggia*, les Italiens le promènent
avec eux tout le long de la Méditerranée. Les archi-
tectures hardies de la *lonja* de Valence ou de celle
de Saragosse, la *loge* de Perpignan, celle dont le
nom du moins subsiste à Montpellier, témoignent
de la diffusion de ces organismes. Par la vallée du
Rhône, le système italien pousse une pointe offensive
jusqu'à Lyon où la Loge des Florentins donnera
naissance à la place du Change.

Mais, pour que la *loge* devînt une *bourse*, il fallait
d'abord que le développement du trafic des marchandises généralisât l'usage des « paiements en foire »,
avec toute la complexité d'opérations, virements de
parties, compensations, remises de foire en foire,
que ces paiements traînaient à leur suite ; les mar-

chandises n'y étaient déjà plus traitées comme des objets concrets, toiles, draps, grains ou épices, mais comme des valeurs immatérielles, comme des chiffres qui s'échangeaient les uns contre les autres. Il fallait ensuite que fût brisé le monopole des banquiers italiens, des « lombards », et que les habitudes de liberté commerciale dont ils avaient le privilège fussent étendues, en tout temps et non plus seulement en temps de foire, aux marchands de toute origine.

Pourquoi cette révolution, commencée aux foires de Lyon, s'acheva-t-elle à Anvers ? Depuis que, de la Bruges industrieuse et bruyante d'autrefois, l'ensablement du Zwyn avait fait Bruges-la-Morte, la merveilleuse position d'Anvers avait révélé toute sa valeur géographique. Deux foires, celles de la Pentecôte et de Saint-Bavon, y servaient à l'exposition des draps anglais (1). Mais, dans ces *show days*, on prit de plus en plus l'habitude de remplacer les pièces d'étoffe par de simples échantillons. Et sur ces types fixes de marchandises, on put négocier toute l'année. La ville de foire devint ainsi ville de bourse — de bourse de commerce.

A côté de cette bourse de la rue aux Laines (ou rue aux Anglais), les Italiens avaient la leur, là comme partout, la Bourse de l'argent. Mais bientôt les Italiens ne furent plus seuls. La découverte des terres neuves et des routes de l'Inde par l'ouest fit déserter la Méditerranée, découronna Venise et

---

(1) On y transporta aussi les deux foires de Berg-op-Zoom — ou plutôt ce furent seulement les paiements en foire qui furent transférés à Anvers, le trafic des marchandises restant à Berg. Curieux exemple de dissociation entre les deux commerces.

arrêta le trafic sur les routes qui, par les Alpes, descendaient vers les villes de l'Allemagne du Sud. Celles-ci, Augsbourg, Nuremberg, ne se tinrent pas pour battues. Hardiment, elles firent volte-face ; elles eurent à Anvers leurs facteurs, qui devaient faire avec Séville le commerce des métaux précieux, avec Lisbonne celui des épices. Et voilà comment la loge italienne, devenue trop petite, céda la place à la Bourse ouverte « aux marchands de toute nation ».

« On y entendait, dit le poète contemporain Daniel Rogiers, un mélange confus de tous les idiomes, on y voyait une multitude bigarrée vêtue des costumes les plus divers ; bref, la Bourse d'Anvers semblait un monde en raccourci où étaient réunies toutes les parties du grand. » Que nous voilà loin des négociations silencieuses du Rialto ! Cette Bourse coexistait avec l'ancien marché aux laines, et un pénétrant observateur, Ludovico Guicciardini, explique très bien comment fonctionnaient les deux organismes parallèles : « Les marchands vont matin et soir, à heures fixes, à la Bourse des Anglais. Là, ils négocient, à l'aide de courtiers de toutes langues, particulièrement pour l'achat et la vente de marchandises de toute espèce. Mais ensuite ils vont à la nouvelle Bourse où, de la même façon, ils font de préférence des affaires de change et de dépôts. »

Affaires déjà très complexes. Une masse énorme de papier était en circulation sur la place d'Anvers comme sur celles de Lyon et de Gênes, les trois grandes bourses du temps. Dans cette masse, il faut mettre à part les papiers publics. Les gouvernements du seizième siècle ont un terrible besoin d'argent. Pour opérer la transformation de l'État féodal en État moderne, pour engager au dehors les opérations grandioses d'une politique de magnificence, pour payer les artistes, les musiciens, les lettrés qui font de chacune de leurs cours des capitales de la Renaissance, sur quelles ressources les princes peuvent-ils compter ? Sur des impôts qui rentrent lentement et qui, sauf peut-être en France, sont encore organisés sur le mode féodal ; sur des subsides qui leur sont parcimonieusement accordés par des corps récalcitrants, Diètes, Cortès, États généraux ou provinciaux, villes, communautés, subsides promis pour des dates échelonnées, et non pas disponibles sans délai ; sur les revenus de leurs domaines, coupes de bois, produits des mines du Tyrol ou de la Styrie, revenus des ordres de chevalerie qui ont été, en Espagne, réunis à la couronne ; sur les galions du Nouveau-Monde et sur les cargaisons de poivre, de girofle, de cannelle qu'on attend d'Extrême-Orient. Mais si la récolte est mauvaise ? mais si un typhon engloutit galions et caravelles ? mais si un corsaire anglais ou malouin vient à les capturer ?

Les richesses des rois, ce sont des richesses futures, et des richesses payables ici ou là, à Séville, à Barcelone, à Anvers, à Rome. Or, c'est sur place, c'est tout de suite qu'il faut payer le Suisse ou le reître qui va conduire l'empereur élu vers la Ville éternelle pour l'en ramener César. C'est tout de suite, c'est dans sa résidence que l'électeur de Mayence ou celui de Brandebourg, ou le Palatin entendent recevoir les dizaines, les centaines de milliers de florins que leur avidité exige pour trouver à Charles d'Espagne un cœur et un sang plus allemands qu'à François d'Angoulême. « De l'argent, tout de suite de l'argent », tel est le cri de Maximilien « sans le sou ». Tel est, avec des variantes, celui de Charles-Quint, de François Ier, de Philippe et de Henri II.

Aussi que font les rois ? Ce que fait un propriétaire qui hypothèque ses terres. Ils aliènent d'avance les produits de l'exploitation de leurs mines, les cargaisons espérées, les subsides promis par les Diètes, les revenus des maîtrises de Compostelle et de Calatrava, tout ce qui est susceptible de s'évaluer en florins, ducats, écus ou pistoles. Mais ces richesses sont aléatoires ; aussi les manieurs d'argent demandent-ils de gros intérêts. Et comme la parole des rois ne leur inspire aucune confiance, ils exigent des signatures plus solides. De là, en dehors des obligations royales, une multitude d'obligations souscrites ou garanties par de hauts fonctionnaires, par des receveurs de taxes, par des provinces, par des villes — tout un océan de papier.

Le cardinal de Tournon eut le mérite de deviner que l'on pouvait faire du crédit public, au lieu d'un expédient en cas de besoin, une institution régulière. Lyon était une admirable réserve de capitaux. La royauté n'avait qu'à y puiser. Tournon groupa, de gré ou de force, en une sorte de syndicat les banques allemandes, italiennes et françaises de la place. En dehors des lettres de change et du papier des foires, ces banques recevaient les dépôts des veuves, des orphelins, des communautés et servaient aux déposants un intérêt de 5 à 8 p. 100. Le roi rafla tous ces dépôts, promettant aux banquiers un intérêt de 10 p. 100 et qui, pour allécher les étrangers, pourrait aller jusqu'à 16.

L'opération réalisée sous François Ier était si séduisante, que Henri II voulut la recommencer à Toulouse, à Paris, à Rouen. Succès médiocre. Mais à Lyon même fut tentée, en 1554, une création d'une tout autre envergure.

Le *grand parti* est le premier type d'un grand emprunt public et d'un emprunt amortissable qui s'adressait à toutes les fortunes. On versait ses capitaux entre les mains d'un fonctionnaire de l'État, et on recevait en échange des obligations. Déjà, il y eut une de ces crises d'enthousiasme comme en déchaînera plus tard le *Système*. « Chacun y courait pour mettre son argent dans le grand parti, jusqu'aux serviteurs qui y apportaient leurs économies. Les femmes vendaient leurs bijoux, les veuves aliénaient leurs rentes pour y participer. Bref, on y courait comme au feu. » On y vint de loin, « non seulement, remarque Bodin, les princes et seigneurs, les cantons suisses, mais les pachas et marchands turcs, sous le nom de leurs facteurs ». Et, lorsque s'annonça la débâcle, ce furent ces étrangers qui vendirent, surtout les Portugais et les Italiens. Du pair, le papier du grand parti tomba, en 1559, à 85 p. 100 et, après la mort de Henri II, à 70, puis à 40 ou 50 p. 100.

Qu'il s'agît de fonds publics ou de valeurs commerciales, la spéculation y trouvait également son compte. Elle avait deux moyens d'action, les marchés à prime et l'arbitrage.

A l'origine, le marché à prime est un pari. On l'appelle, à Anvers, marché *op weddinge*, à Rouen « gageure ». Les Espagnols donnent à ces marchés le nom de *parturas* (les accouchements), par analogie avec un pari de ce genre : combien, l'an prochain, naîtra-t-il de garçons ? et combien de filles ?

De même on parie que, dans six semaines, le blé tombera au-dessous de tel prix ; et, si l'on se trompe, on s'engage, à solder la différence. De même encore on parie que le cours du change sur Anvers, à la prochaine foire de Medina del Campo, sera de 2 ou 3 p. 100 au-dessus ou au-dessous du cours actuel. Et de ce pari naît un « contrat de gageure ou d'assurance de changes », que les auteurs du temps comparent, non sans quelque raison, à une assurance maritime.

Comment parier à coup presque sûr ? Comment deviner les prix probables des marchandises ou de l'argent ? Pour un homme du seizième siècle, le procédé le plus simple était d'interroger les étoiles. C'est ce que fit un correspondant anversois d'une maison de Nuremberg qui se flattait, dans ses *Pronostications*, de donner quinze jours d'avance les prix du poivre, du gingembre, du safran, de la cannelle, de la muscade. Mais, à côté de raisonnements astrologiques, il risque des réflexions de ce genre : « Considérez ce qu'a été la récolte du safran cette année, quelle quantité reste disponible, quel est le prix sur les différentes places. » Cela n'est point sot.

L'arbitrage de place, auquel notre « pronostiqueur » fait allusion, n'était pas seulement alors une opération sur les différences de prix d'une même marchandise en deux places distinctes. En raison de la lenteur des communications, l'opération se compliquait d'un élément spéculatif, une conjecture sur les variations futures possibles du prix sur une place éloignée. En somme, c'était une spéculation doublement à terme, à la fois dans le temps et dans l'espace.

Dès 1509, Maximilien ayant reçu de ses alliés 170.000 ducats, mais payables à Rome, à Florence, à Anvers et à des dates éloignées, Jacob Fugger les lui fournit partie dans quinze jours, le reste en six semaines, en utilisant le *cambio arbitrio*, en jouant sur les différences entre Augsbourg et ces trois places.

Les variations journalières du change étaient telles que des arbitrages bien conduits pouvaient, nous dit-on, permettre « en 8, 10, 15 ou 20 jours de gagner avec l'argent d'autrui jusqu'à 1, 2, 3, 4, 5 ou davantage pour cent ». Mais il ne fallait pas se tromper dans ses prévisions, et les agents des banques devaient faire preuve d'initiative. Paul Behaim, facteur à Anvers des Imhoff, devait, en 1550, remettre de l'argent sur Francfort et tirer sur Venise ; mais l'argent est devenu plus abondant à Venise, rien à faire avec cet *arbitrio...* De là l'intérêt des banquiers à être resseignés sur la *larghezza* ou la *strettezza* de l'argent sur chaque place ; de là de véritables « circulaires », que les banques envoient à leurs agents pour leur donner le cours du change à Lyon, à Gênes, en Espagne...

Des opérations aussi délicates ne pouvaient être menées que par des hommes de haute intelligence. Une classe de spéculateurs se forme, dont les qualités personnelles ont été un facteur de l'évolution.

Le spéculateur du seizième siècle n'a plus rien de commun avec le petit prêteur d'autrefois. Le Juif ne joue plus, à cette date, qu'un rôle épisodique ; il est confiné dans les petites transactions, mais les grandes affaires lui échappent. Il est remplacé par des artisans enrichis qui sont passés du métier à la marchandise, au grand commerce d'exportation, qui ont acheté des immeubles urbains (1), et qui ont profité de la plus-value que donne à ces terrains le développement même de l'industrie. Leurs figures se détachent avec un relief saisissant, avec un caractère aussi nettement individuel que celles d'un prince ou d'un capitaine. Ce sont des hommes « représentatifs », et, dans un certain ordre, des « héros ». A côté du banquier florentin, d'un Médicis, avec ses goûts d'art et d'élégance, c'est l'âpre Gênois, riche, fils, petit-fils de riche, qui sait dépenser largement pour l'État, mais qui écrit sur son livre de comptes, dit Bandello, jusqu'à une feuille de papier ou jusqu'à un bout de ficelle.

Les plus intéressants sont les Allemands. Allez à Munich voir le portrait de Jacob Fugger par Dürer ; regardez cette tête étroite et anguleuse, à la peau sèche et tendue, au menton saillant, ces lèvres minces, cet œil non pas d'aigle mais de vautour, et dites si vous n'avez pas là, chez ce descendant d'un petit tisserand de village, un admirable type de conquérant, de roi de l'or. Ses mines trouent les Alpes autrichiennes et les monts de Hongrie ; à Venise, à Anvers, à Lisbonne, dans plus de vingt places, il a des factoreries. Il a, en tenant pour le compte de Rome la caisse des indulgences, empêché Luther d'enlever à la vieille Église l'Allemagne entière. Il a fait, rien qu'en tirant des lettres de change, un em-

---

(1) WERNER SOMBART, *Der moderne Kapitalismus*, a voulu voir dans la plus-value des immeubles urbains la première et la seule cause de l'accumulation des capitaux. Cette théorie n'est pas en accord avec les faits. Un de ses élèves, JACOB STRIEDER, *Zur Genesis des modernen Kapitalismus*, l'a démontrée fausse pour Augsbourg.

perceur romain. Et s'il n'est pas vrai qu'il ait, dans sa maison d'Augsbourg, chauffé les pieds de César avec des bûches de cannellier, elle est authentique la lettre par laquelle il rappelle orgueilleusement à ce débiteur insolvable que s'il avait voulu, lui Fugger, c'est François et non pas Charles que s'appellerait le maître des Allemagnes.

Ces Fugger sont plus qu'une famille — une dynastie. Ils ont deux branches, celle du « chevreuil » et celle des « lys ». Et dans cette dernière, une convention d'indivision entre mâles, une sorte de loi salique capitaliste assure la perpétuité de la maison. A la tête de cette énorme puissance, les chefs se succèdent en vertu d'une coutume d'hérédité monarchique à la mode antonine, le plus digne remplaçant le plus digne. « Jacob Fugger et neveux », voilà une raison sociale universellement connue, « dans tous les royaumes et pays, dit un chroniqueur augsbourgeois, et aussi dans les pays païens. Empereurs, rois, princes, et seigneurs ont envoyé à Jacob des ambassades, le Pape l'a salué et embrassé comme son très cher fils, les cardinaux se sont levés devant lui. » Son nom est sur toutes les bouches, déformé par le parler populaire, et c'est un nom commun. On dit un *Fucker*, ou *Fokker*, en pays allemand ou flamand, un *jouckeur* ou un *joucre* en pays wallon ou français, un *júcar* en Espagne, comme nous disons « un Rothschild ». Luther dit couramment « un Fucker » pour un usurier ; il emploie le verbe *juckern*, le mot *Fuckerei*.

Pourtant il y a pire accapareur que ces Fugger. Voyez Ambroise Hœchstetter. D'une part, il attirait dans ses caisses, moyennant un intérêt de 5 p. 100,

les économies des « princes, comtes, bourgeois, paysans, serviteurs et servantes ». Avec ces capitaux il
achetait les bois, les vins, les blés, pendant les périodes de baisse, par stocks entiers, décourageant
les concurrents par les prix qu'il offrait ; puis, une
fois maître du marché, il vendait en hausse. Il se
perdit par une colossale opération de ce genre. Déjà
les Fugger et d'autres avaient essayé d'un cartel
des cuivres. Hœchstetter voulut, lui tout seul, s'emparer du marché du mercure ; il acheta tout le stock
à 8 florins le quintal, pour le revendre à 14. Mais il
avait compté sans la concurrence des mines d'Espagne ; les cours s'effondrèrent ; le « roi du mercure »
fit une faillite retentissante de 800.000 florins, et
mourut en prison. Que de ruines accumulées autour
de lui, et comme on comprend la colère du populaire
contre ces premiers capitalistes !

Il y a parmi eux des forbans. — L'arbitrage, tel
que nous l'avons décrit, était pour les financiers
peu honnêtes une tentation perpétuelle. Puisque
tout reposait sur la *larghezza* et la *strettezza* de l'argent, ne pouvait-on réaliser artificiellement l'abondance ou la rareté ? « Si l'on retirait de la Bourse,
écrit le correspondant anversois des Imhoff, beaucoup d'espèces, ou si quelques personnes se mettaient
d'accord pour faire le resserrement, l'argent devien-
drait plus cher au prochain paiement de foire, et la
ville serait obligée de nous payer pour ses emprunts
des intérêts plus élevés. » — Un Italien, Gaspare
Ducci, fit de ces variations artificielles un système :
entre Lyon et Anvers, il spécule sur des différences
qu'il a lui-même savamment provoquées, et c'est
sans doute en pensant à lui qu'un auteur espagnol

appelle l'arbitrage une opération du diable, *infernal contratación*. Au reste, Ducci ne recule devant rien pour venir à bout d'un concurrent, pas même devant l'assassinat ; et il ajoute à ses crimes le ragoût du luxe insolent.

A côté de ce superbe bandit, Cellini de la haute finance, il y a dans cette galerie de portraits des figures à demi sympathiques. Tel Hans Kleberger, petit bourgeois de Nuremberg, venu à Lyon comme employé des Imhoff : encore un qui tentera le pinceau de Dürer. Kleberger n'est pas une fleur de délicatesse : il profite des relations qu'il a dans la clientèle de ses patrons pour s'installer à son compte ; il se fait bourgeois de Berne, ce qui lui permet de jouer, entre le roi et l'empereur, le rôle profitable de la chauve-souris. Il humilie les fiers patriciens de sa ville natale, épouse une de leurs filles, une Pirkheimer, et laisse la malheureuse mourir de chagrin. Mais il est à Lyon une manière de personnage, ami du roi, pour le compte duquel il fait la chasse aux florins allemands, protecteur de la Réforme, bienfaiteur des hôpitaux et de la Grande Aumône, bref un philanthrope, de type populaire, le « bon Allemand ».

En face du bon Allemand, l'honnête Anglais, Thomas Gresham. Honnête, c'est une façon de parler, car ses doigts ont quelquefois retenu l'argent d'autrui. Mais c'est un homme sérieux, dévoué à ses souverains, surtout à Élizabeth. A Anvers, il joue auprès des banquiers allemands et italiens le rôle d'un ministre extérieur des finances britanniques. Par son zèle, par sa science financière, il fut un instrument essentiel de la grandeur de l'Angleterre. Aussi, dans les légendes populaires où les usuriers sont voués au démon, Gresham est réservé pour le purgatoire.

Que d'autres mériteraient une esquisse ? Ces Welser qui s'en allèrent, comme des *conquistadores* espagnols, chercher au Venezuela le pays d'Eldorado, et qui donnèrent à un Habsbourg leur fille, aujourd'hui endormie à Innsbruck dans la « chapelle d'argent » ; les Herwart qui devinrent français, et banquiers de Louis XIV ; les Tucher, les Neidhart et, à Gênes, les Sauli, les Grimaldi, les Fornari. Tous gros bourgeois, patriciens, bourgmestres de leur ville natale, nobles souvent par grâce impériale ou royale, chambellans, maîtres des comptes, valets de chambre de Sa Majesté. L'ascension sociale de cette classe permet de mesurer l'extraordinaire développement de la spéculation.

Elle rapporte à ceux qui s'y livrent des bénéfices énormes. « Autrefois, dit Guicciardini, les nobles qui avaient des fonds disponibles les mettaient en terres, ce qui donnait du travail à beaucoup de gens et fournissait au pays le nécessaire. Les marchands employaient leurs capitaux à leur négoce régulier, de façon à égaliser entre les différentes contrées la disette et la surabondance ; ils utilisaient des hommes sans nombre, et augmentaient les revenus des princes et des villes. Aujourd'hui, au contraire, une partie de la noblesse et de l'état de marchandise (celle-ci par l'intermédiaire de celui-là, et l'autre ouvertement), pour éviter les peines et les périls de l'activité professionnelle régulière, consacrent tous leurs capitaux disponibles au commerce de l'argent, qui les attire par ses gains sûrs et élevés. »

Élevés, oui. Sûrs, non pas. Nous avons vu que,

dans le monde de la spéculation européenne, il y avait des régions de hautes et de basses pressions. Entre les unes et les autres, l'équilibre se rétablissait parfois par des cyclones. Qu'un gros débiteur, un roi d'Espagne ou de France, vînt à suspendre ses paiements, c'était le sinistre krach sur les places d'Anvers et de Lyon. Les maisons les plus solides étaient emportées dans la tourmente. Celle de 1557-1560 eut les proportions d'une catastrophe universelle. On peut dire que le marché des capitaux mit plus d'un siècle à sortir de cette crise, et il faudra même attendre le dix-huitième siècle, le *South Sea bubble* et le *Système*, pour assister à un mouvement de la spéculation comparable en ampleur à celui qui avait agité le début et le milieu du seizième siècle.

TABLE DES MATIÈRES

4671. — Tours, Imprimerie E. Arrault et Cⁱᵉ.